L'ÉTAT, LA NATION ET LE PEUPLE

La République au service des citoyens

Questions contemporaines

Collection dirigée par Jean-Paul Chagnollaud, Bruno Péquignot et Denis Rolland

Chômage, exclusion, globalisation… Jamais les « questions contemporaines » n'ont été aussi nombreuses et aussi complexes à appréhender. Le pari de la collection « Questions contemporaines » est d'offrir un espace de réflexion et de débat à tous ceux, chercheurs, militants ou praticiens, qui osent penser autrement, exprimer des idées neuves et ouvrir de nouvelles pistes à la réflexion collective.

Dernières parutions

Sous la direction de Mohamed EL MOUBARAKI et Émile-Henri RIARD, *Regards sur les violences envers les femmes d'ici et d'ailleurs*, 2024.

Zehira HOUFANI BERFAS, *Françafrique, la matrice du chaos africain. Stratégie coloniale d'échec des indépendances*, 2024.

Jean-Marc ESNAULT, *L'Homme face aux défis du monde contemporain. Une réflexion sur notre avenir*, 2024.

Ahamed Youssouf HASSANI MZE HAMADI, *Le droit et la dramathérapie en psychiatrie et en ergothérapie*, 2024.

Jacques LANGLOIS, *Les liens sociaux en univers néolibéral*, 2024.

Olivier GANDOU, *Perpignan sous mandat RN. Bilan 2020-2023*, 2023.

Rachid BATHOUM (dir.), *Malades du racisme. Souffrances & dignité*, 2023.

Pierre HURTEAU, *Le péché et la garde de la langue. Entre blasphème et culture du bannissement*, 2023.

André FERTIER, *La citoyenneté culturelle. Réalités juridiques, enjeux et perspectives*, 2023.

Pierre Morlanne

L'ÉTAT, LA NATION ET LE PEUPLE

La République au service des citoyens

L'Harmattan

5-7, rue de l'École-Polytechnique – 75005 Paris
www.editions-harmattan.fr

ISBN : 978-2-336-44386-7
EAN : 9782336443867

"Je veux que la République ait deux noms : qu'elle s'appelle liberté, et qu'elle s'appelle chose publique"

Victor HUGO

INTRODUCTION

Depuis de longues années, j'entends dire sur la majorité des ondes radios et je vois à la télévision de nombreux journalistes, experts et hommes politiques expliquer que l'Etat serait trop gros, trop grand et qu'il serait incapable de répondre aux aspirations et aux besoins des citoyens. Ce discours est aussi relayé par de nombreux titres de la presse écrite. De plus, il se mêlerait de tout, au détriment de la liberté et de l'autonomie, empêchant par sa volonté réglementaire l'esprit d'entreprise. On lui reproche également une mauvaise gestion des finances publiques et une fiscalité trop forte, voire parfois une spoliation des biens et marchandises privées. Certains n'hésitent pas à parler de vol.

Qu'en est-il en réalité ? Ces quelques critiques sont-elles justifiées ou relèvent-elles plutôt d'une idéologie politique ? De même, les reproches formulés à l'encontre de l'Etat mélangent et brassent des mots et des termes assez proches mais qui pourtant décrivent des notions différentes. Il convient donc d'expliciter réellement le sens de ces mots parfois employés à tort et à tout propos. Quelle est la différence entre Etat et Nation ? Peut-on trouver des similitudes entre Peuple et Démocratie ? Gouvernement et République recouvrent-ils les mêmes notions ? D'autres mots encore, sans doute moins employés mais étant utiles à la compréhension de ce qu'est l'Etat, doivent être analysés et confrontés face à l'histoire et à notre réalité quotidienne.

Car en fin de compte, qu'est-ce que l'Etat ? Voilà la question essentielle à laquelle il faut répondre.

Une question certes unique mais qui possède sans doute des centaines de réponses, eu égard au nombre actuel d'Etats différents, de forme et de nature, que l'on peut observer dans le monde. Comment procéder alors ? En premier lieu, se concentrer et regarder uniquement le cas de la France car cela limitera les risques de diversions et de digressions. Deuxièmement, en étudiant l'organisation de l'Etat et les différents systèmes politiques possibles. Enfin, en proposant un nouveau modèle d'Etat, plus moderne et mieux adapté à la situation actuelle, et surtout susceptible d'assurer le bonheur des habitants d'un pays.

En effet, il existe diverses conceptions de l'Etat. Pour les libéraux classiques ou traditionnels, l'Etat ne doit pas imposer des règles aux acteurs socio-économiques et laisser libre de toute contrainte l'économie de marché. Les plus radicaux de cette pensée politique, partisans d'un Etat minimal, pensent que l'Etat doit uniquement garantir la libre circulation des capitaux, des biens et des personnes. Pour les marxistes en revanche, l'Etat est une administration, appuyée par l'armée et la police, dont la fonction est de renforcer, de légitimer, de légaliser et de faire apparaître comme morale l'oppression qu'exercent ceux qui possèdent les moyens de production sur ceux qui n'ont d'autre ressource pour survivre que de vendre quotidiennement leur force de travail. Bref, la théorie politique a eu beaucoup de mal à définir ce qu'est l'Etat, plusieurs écoles de pensée se sont affrontées et s'opposent encore aujourd'hui sur ce terrain.

De même, le mot et le terme de nation comportent plusieurs significations parfois proches entre elles ou parfois contradictoires. Ce terme n'est pas défini juridiquement mais l'usage en politique internationale en a fait l'équivalent d'Etat souverain. La nation est au sens constitutionnel le concept au nom de quoi est exercé le pouvoir législatif. La nation est un ensemble de citoyens détenant la puissance politique. Pour la sociologie en revanche, le concept même de nation est arbitraire et par conséquent la définition dépendra de l'émetteur de cette même définition. Communément, le sens moderne de nation est assez proche de celui de peuple mais ajoute à celui-ci l'idée d'Etat. En effet, un peuple peut se concevoir, ou non, en tant que nation et à ce titre se doter, ou non, de la structure étatique.

Le mot peuple est une notion polysémique dont le sens peut varier en fonction du contexte. Issu du latin 'populus' désignant l'ensemble des citoyens, c'est-à-dire les individus ayant le pouvoir de voter dans la constitution romaine, ce terme désigne couramment un ensemble d'êtres humains vivant sur un territoire géographique défini ou ayant en commun une culture, des mœurs et un système de gouvernement. Avec le développement des nationalités au cours du XIXe siècle la notion de peuple sera fortement liée à une construction politique. Dans le droit fil de son étymologie latine, un groupe social reconnu comme un peuple se voit défini comme un groupe ayant des droits politiques spécifiques voire le droit de former une nation ou une république souveraine.

Le mot république fut formé par les deux termes latins 'res' et 'publica' qui signifient littéralement au sens premier 'chose publique'. Ce mot désigne l'intérêt général, puis le gouvernement, la politique et dans une certaine mesure l'Etat. Plus précisément, une République est un mode d'organisation politique et sociale d'un pays dans lequel le pouvoir est exercé par des représentants de la population, généralement choisis par des élections, et où le chef de l'Etat n'est pas héréditaire et n'est pas la seule personne à détenir tous les pouvoirs.

La démocratie désigne quant à elle le régime politique dans lequel tous les citoyens participent aux décisions politiques. Cependant, cette idée de démocratie reste susceptible d'interprétations différentes, aussi bien quant à la signification concrète de la souveraineté populaire que par son application pratique, selon par exemple que la démocratie est directe ou représentative. Soit le peuple décide lui-même et vote sans intermédiaires les textes de lois, soit le peuple élit des mandataires chargés de voter les lois à sa place. De plus, cette difficulté d'interprétation apparaît au regard de la diversité des systèmes politiques qui se sont revendiqués ou se revendiquent démocratiques. Par ailleurs, le terme de démocratie ne se réfère pas uniquement à des formes de gouvernement mais peut aussi désigner une forme de société ayant des valeurs morales, comme par exemple la liberté et l'égalité.

Toutefois, une véritable démocratie suppose des prérequis indispensables. Parmi ceux-ci, les deux plus importants sont sans doute le principe de séparation des pouvoirs et le principe de l'Etat de droit. Dans la théorie juridique on distingue généralement trois pouvoirs : le législatif, l'exécutif et le judiciaire. Le principe de séparation des pouvoirs exige que chaque pouvoir soit exercé par des personnes morales ou physiques différentes et indépendantes les unes et les autres. Ainsi certaines organisations (presse, syndicats, associations, etc.) ou organes étatiques (cours de justice, parlement, administrations, etc.) ont pour rôle de tempérer préventivement l'abus de pouvoir, de rechercher des solutions communes, de provoquer un dialogue entre tous et de s'autocontrôler mutuellement. La séparation des pouvoirs ne concerne pas donc que l'Etat au sens strict mais d'une manière plus générale toute institution chargée de régler les différends et de trancher entre plusieurs parties pour éviter les collusions et les conflits d'intérêts. Quant à l'Etat de droit, il s'agit d'un concept juridique, philosophique et politique. Il implique la prééminence du droit sur le pouvoir politique ainsi que l'obéissance de tous, gouvernants et gouvernés, à la Loi. L'Etat de droit peut être défini de façon très générale, comme chez les juristes du début du XXe siècle, où il est soumission de l'Etat aux textes juridiques ou bien selon des modalités plus techniques qui le définit avant tout par le respect de la hiérarchie des normes. On doit cependant constater les écarts entre les conceptions de l'Etat de droit selon les époques et les pays.

Les notions de démocratie, d'état de droit et de citoyenneté sont intimement liées et fonctionnent ensemble. Etre un citoyen implique que l'on fait partie d'un corps politique, d'un Etat et que l'on possède des droits et des devoirs. La citoyenneté est aussi une composante du lien social et politique entre chaque individu d'une nation. Dans un régime démocratique chaque citoyen est détenteur d'une petite partie de la souveraineté politique. Souveraineté qui est souvent déléguée à des mandataires ou des représentants désignés au cours d'élections. Contrairement à une idée reçue en France, les pratiques électives prolifèrent en Occident durant tout le moyen-âge et dans une moindre mesure à l'époque moderne. Elles ont eu une place très importante dans l'Eglise catholique puisque les évêques sont traditionnellement 'élus' par le clergé, notamment les abbés et le Pape. De même, les institutions municipales,

les corporations et les assemblées de toutes sortes procèdent à des élections.

La souveraineté désigne en règle générale l'exercice du pouvoir sur un territoire géographique délimité ou une population déterminée par divers éléments. Cette notion fut pour la première fois définie par le philosophe grec Aristote dans son ouvrage "Politique". Il y étudie le fonctionnement de l'Etat dans les différents régimes politiques et définit clairement le principe du "*règne de la loi qui doit s'étendre à tout*" et de la hiérarchie des normes juridiques. Cette hiérarchie instaure une souveraineté, c'est-à-dire une suprématie de la loi dans plusieurs domaines selon la nature des éléments mis en rapport entre eux.

Ces grandes notions, Etat et Nation, Peuple et Démocratie, Gouvernement et République, Etat de droit, Souveraineté et Election, succinctement définis en introduction mais que j'expliquerais plus précisément dans le premier chapitre m'amèneront à étudier et expliciter différents systèmes politiques comme par exemple l'anarchisme et le communisme, le libéralisme, le capitalisme, le monarchisme, etc. Ces systèmes politiques, choisis plus ou moins consciemment par la France, ont fortement contribués à la fabrication et l'édification de notre organisation administrative actuelle. C'est la raison pour laquelle il me semble essentiel de décrire et commenter le fonctionnement de l'Etat français. Enfin, dans un dernier chapitre, je tenterais de démontrer ce que devrait être un état moderne adapté à la situation actuelle et capable de répondre aux évolutions futures de la société.

PREMIER CHAPITRE : LES NOTIONS GENERALES

Avant de vouloir décrire et examiner les différents systèmes politiques, il est indispensable, de mon point de vue, de comprendre les idées générales et les notions philosophiques qui précèdent les idéologies et les accompagnent. Sinon nous risquerions, et moi le premier, d'être incompris, caricatural et anachronique. Ces notions, ou grandes idées générales, et finalement peu importe comment nous les appelons, restent encore aujourd'hui difficiles à définir théoriquement mais elles sont néanmoins la base des sociétés modernes.

Etat et Nation

Etymologiquement le mot nation vient du latin 'natio' qui dérive lui-même du verbe 'nascere' qui signifie en français actuel naître. Nous pouvons donc dire par analogie que la nation désigne globalement un groupe humain issu de la même origine ou né au même endroit. C'est la définition générale reprise par plusieurs dictionnaires. Cependant ce terme et cette notion, telle que nous la définissons aujourd'hui, émerge véritablement durant le XVIIIe siècle au gré de la Révolution française. Pour l'abbé Sieyès (1748-1836) la nation devient une entité politique commune au tiers-état et au peuple révolutionnaire. En effet, avant le XVIIIe siècle le mot est essentiellement utilisé dans un sens proche de l'étymologie latine où le concept d'origine de naissance est primordial. La nation n'avait pas de connotation politique car celle-ci était alors du ressort des rois, des princes ou des empereurs. Puis au cours du XVIIIe siècle le terme prend une dimension politique dominante, notamment sous la plume des philosophes des Lumières. Petit à petit, mais surtout au XIXe siècle, la nation acquiert un sens partisan vis-à-vis de la politique intérieure française. Selon les opinions des historiens de cette époque la nation est représentée par les membres de l'aristocratie ou les roturiers en fonction de l'examen respectif de leur légitimité, de leurs origines naturelles, de leur histoire personnelle voire de leur composition sociale. Toutefois, par opposition à la vision française qui pouvait justifier l'assimilation des diverses ethnies vivant sur un territoire, quelques écrivains et penseurs allemands développèrent l'idée que la nation repose sur une unité de langage, de coutumes, de religion et de race. Ainsi, dans la considération de la nation ethnique, le sentiment national est antérieur au sentiment d'Etat-nation, tandis dans la conception de la nation civique, chaque individu est perçu comme un membre d'une communauté plus large que la simple origine de naissance. Ces deux notions de peuple et de nation évolueront et vont s'influencer l'une et l'autre. Les historiens et les sociologues français du XIXe siècle auront le souci d'identifier précisément la nation et tentent de réconcilier les différents éléments de celle-ci, comme par exemple Jules Michelet (1798-1874). A l'aube de la première guerre mondiale l'affrontement entre les conceptions allemandes et françaises de la nation va s'exacerber et devenir essentiel pour justifier dans les deux camps le choix de la guerre. Les historiens allemands évoquent des données soi-disant objectives pour expliquer que les territoires annexés après la guerre de 1870 font partie de la nation germanique. Il s'agit d'arguments comme une langue commune, des pratiques culturelles identiques ou la pratique d'une même religion. Les Français en revanche avancent des arguments tels que la démocratie, issue des diverses révolutions, ou le droit des peuples à choisir eux-mêmes le pays dans lequel ils veulent vivre. Parmi les intellectuels français défendant cette dernière thèse, l'écrivain et philosophe Ernest Renan (1823-1892) est le plus important et représentatif. Il combat l'idée selon laquelle la race ou même la langue constituerait l'origine de la nation. Il s'efforce, surtout ans un célèbre ouvrage publié en 1887 et très justement intitulé 'Qu'est-ce qu'une nation ?', de distinguer race et nation et soutient l'idée que les nations se sont formées sur la base d'une association volontaire d'individus ayant un passé commun. C'est ainsi qu'il dit dans ce livre : ''*On confond la race avec la nation, et l'on attribue à des groupes ethnographiques ou plutôt linguistiques une souveraineté analogue à celle des peuples réellement existants*'' ; ''*La nation moderne est donc un résultat historique amené par une série de faits convergents dans le même sens. Tantôt l'unité a été réalisée par une dynastie, comme c'est le cas pour la France ; tantôt elle l'a été par la volonté directe des provinces, comme c'est le cas pour la Hollande, la Suisse, la Belgique ; tantôt par un esprit général tardivement vainqueur des caprices de la féodalité, comme c'est le cas pour l'Italie et l'Allemagne*'' ; ''*Une nation est un principe spirituel, résultant des complications profondes de l'histoire, une famille spirituelle, non un groupe déterminé par la configuration du sol*''. Pour compléter ces explications socioculturelles et historiques du concept de nation, les sciences humaines actuelles basent leurs analyses sur le sentiment d'identité nationale, en essayent d'en cerner les différents mécanismes, individuels et collectifs, conscients ou inconscients, et qui sont souvent dus à l'action d'un Etat. Au sens moderne du terme, le mot nation a une signification essentiellement politique. Le terme peut désigner un Etat ou un peuple ayant l'objectif de se doter d'une organisation autonome. Ainsi, dans le but d'obtenir un Etat ou des droits spécifiques, les groupes se présentant comme une nation ont souvent tenté de définir ladite nation et donc de la légitimer par des considérations historiques.

Le mot Etat vient du latin 'status', lui-même dérivé du verbe 'stare', qui signifie au sens premier 'se tenir debout' et au sens figuré 'position'. Ce mot est couramment employé dans les langues européennes au tournant des XVe et XVIe siècles. Ce terme d'Etat possède une triple signification : sociologique, organisationnelle et juridique. Sur le plan sociologique, l'Etat est défini comme un ensemble de personnes vivant sur un territoire déterminé et soumis à un gouvernement. Du point de vue organisationnel, l'Etat est une structure que la société utilise pour se gérer. Enfin, vis-à-vis du droit, l'Etat est perçu comme une zone géographique délimitée par des frontières à l'intérieur desquelles s'appliquent des lois et constituée d'institutions par lesquelles il exerce une autorité et un pouvoir. Néanmoins, la naissance de l'Etat au sens large du terme coïncide avec l'avènement de la civilisation. L'espèce humaine nomade vivait de cueillette et de chasse aux temps préhistoriques. Puis l'invention de l'agriculture pousse les hommes à s'installer de façon permanente dans certains lieux propices à une vie sédentaire. Ainsi sont nés la propriété privée et avec elle les premiers règlements ou codes de lois. Les premiers

Etats primitifs voient le jour dans l'Antiquité. C'est ainsi que beaucoup d'institutions étatiques trouvent leur origine dans la Grèce et la Rome antique. Tout au long de l'histoire, l'émergence de longues dynasties royales ou impériales stables régnant sur de vastes territoires a contribué à affermir et à développer le rôle politique et social des Etats. Les sociétés féodales ont parfois donné naissance à un Etat bureaucratisé, vu par certains historiens comme un instrument au service de la bourgeoisie dominante.

Plusieurs grands courants de pensée, aussi bien en sciences politiques qu'en sociologie, structurent les théories de l'Etat. Chacune fut utilisée pour parvenir à une meilleure compréhension de l'Etat, qui reste encore imparfaite en raison de la complexité du sujet. Les théoriciens du communisme, Karl Marx (1818-1883) et Friedrich Engels (1820-1895), considèrent l'Etat comme un instrument du pouvoir capitaliste ayant pour but de contraindre les classes ouvrières et laborieuses dans leur position de dominés. Leur idéal est donc de faire disparaître l'Etat en même temps que les classes sociales. Pour les penseurs libéraux, l'Etat a pour fonction principale de protéger les atteintes aux droits naturels des individus qui sont la liberté, la propriété et la sûreté. Ce courant de pensée vise à réduire autant que possible l'intervention de l'Etat dans tous les domaines de la société civile. Dans la pensée pluraliste, l'Etat est vu à la fois comme une sphère neutre et comme un espace traversé de conflits d'intérêts entre ses différentes institutions et organismes. La politique est donc le produit d'un constant marchandage entre différents groupes. Enfin, pour les partisans de la nouvelle approche institutionnaliste, les comportements des individus sont fondamentalement modelés par les institutions (école, armée, justice, etc.) et l'Etat n'est ni une arène, ni un instrument et ne fonctionne pas dans l'intérêt d'une seule classe sociale. Les chercheurs de cette école de pensée mettent l'accent sur la nécessité d'interposer la société civile entre l'Etat et l'économie. Comme l'Etat possède des moyens de coercition et que certains groupes sociaux sont dépendants de lui, les fonctionnaires peuvent imposer dans une large mesure leur volonté à une grande part de la population.

D'autres approches théoriques permettent de définir l'Etat en analysant les limites de sa puissance ou ses caractéristiques juridiques et économiques. Etant donné le rôle des groupes sociaux dans la politique publique et leurs connexions avec la bureaucratie étatique, il devient plus difficile aujourd'hui qu'hier, d'identifier les frontières de l'Etat qui fluctuent également au gré des privatisations, des nationalisations et de la création de nouveaux organes. Souvent la nature d'organisation quasi-autonome de ceux-ci n'est pas très définie et génère des débats parmi les spécialistes des sciences politiques pour savoir si elles sont issues de l'Etat ou de la société civile. Dans la théorie de "l'Etat de puissance", l'Etat est déterminé par ses souverainetés interne et externe. Il y est perçu comme un Léviathan dont la fonction est de maintenir l'ordre dans la société. Il dispose de nombreuses prérogatives qui émanent de sa souveraineté notamment le pouvoir de créer le droit et d'imposer à tous des mesures administratives. Dans la théorie de "l'Etat de droit", l'Etat ne serait in fine que l'émanation de la Loi, votée par des assemblées élues, qui limitent sa puissance possiblement arbitraire. Suivant cette perspective, l'Etat n'est plus défini par sa souveraineté mais par son identification à un ordre juridique et sa soumission au droit. Pour assurer la pérennité et la prédominance du droit, il faut que la hiérarchie des normes juridiques soit garantie et qu'il existe des contre-pouvoirs. En revanche, pour la théorie de "l'Etat de service", l'Etat n'est caractérisé ni par la souveraineté, ni par son identification à un ordre juridique. Ce n'est qu'une coquille vide, il n'a pas de personnalité, il ne peut disposer de droits subjectifs et il ne saurait être en mesure d'imposer quoi que ce soit à qui que ce soit. Ce qui justifie l'existence de l'Etat, c'est le service public. L'Etat serait selon cette théorie, l'expression de la solidarité nationale. Les hommes, regroupés en de nombreuses sociétés, sont devenus de plus en plus interdépendants. L'Etat n'est donc que la conséquence de ces associations et non pas le produit d'une quelconque souveraineté ou d'une évolution historique. N'oublions pas enfin la notion "d'Etat-providence", souvent employée à tort et à travers, et surtout dans les médias audiovisuels pour mieux en discréditer les caractéristiques essentielles, qui a pour but principal de réduire les inégalités sociales. Les contours de ce fameux "Etat-providence" restent encore fluctuants en raison même d'une définition changeante au gré des idéologies politiques. Il serait sans doute trop long d'en parler ici car cette notion de providence recouvre de très nombreux aspects et réalités différentes.

Peuple et Démocratie

Le mot peuple désigne plusieurs choses à la fois. Un peuple est un ensemble d'individus vivant sur un même territoire, soumis aux mêmes lois et doté d'institutions politiques. Le peuple est ici déterminé par la nation qu'il constitue, le territoire qu'il occupe et l'adhésion aux mêmes règles de droit. C'est une vision assez restreinte du peuple. D'autre part, un peuple peut être caractérisé comme un groupe d'humains vivant en société et qui ayant parfois une communauté d'origine, présente une homogénéité relative de civilisation et qui se sentent liés par un certain nombre de coutumes et de valeurs communes. Enfin, dans une vision étendue d'un peuple, celui-ci peut être défini comme un ensemble de personnes ayant une même origine ethnique ou raciale. Dès lors, la réponse à la question 'Qu'est-ce qu'un peuple ?' n'est jamais neutre ou objective. En effet, un sentiment d'appartenance peut venir de l'une au moins de ces caractéristiques : un passé historique commun, réel ou supposé, un territoire commun, une langue commune, une religion commune ou des valeurs morales communes.

Deux théories, schématiquement appelées "la française" et "l'allemande" s'opposent pour définir et caractériser la notion de peuple. Historiquement et génétiquement les Français descendent de différents peuples. L'ethnonymie qui fait référence aux francs germanophones a survécu et s'applique aujourd'hui à tous les Français en dépit de leurs diversités. Jusqu'à la fin du XIXe siècle, la France était une mosaïque de coutumes et d'identités régionales, notamment au niveau linguistique. L'histoire du peuple de France débute avec les rois mais les réflexions autour de sa nature n'ont débuté qu'avec la Révolution de 1789. Apparaît alors une antinomie entre une conception politique d'assimilation et une vision plus ethnoculturelle pouvant être fondée sur le droit du sang. C'est cette dernière conception qui est la base de la théorie allemande du "Volk" (le peuple). Les anciens rois de France considéraient qu'ils régnaient sur plusieurs peuples dont ils promettaient lors du sacre de reconnaître et de maintenir les différentes coutumes, langues et traditions particulières. La Révolution ne reconnaît qu'un seul peuple uniforme, voyant dans l'expression des diversités le danger d'un déchirement en une multitude de petits Etats. Cette vision centralisatrice, ou jacobine, d'un peuple se heurte désormais à la décentralisation et aux statuts particuliers accordés à certaines collectivités. En partant d'une définition de la France comme une nation aux valeurs républicaines universelles, certains historiens envisagent la société comme un creuset. Certaines de ces valeurs furent en effet utilisées pour l'assimilation des immigrés qui devaient adhérer aux valeurs traditionnelles françaises et à la culture nationale. Par ailleurs les Français ont assimilé leur nationalité à leur citoyenneté, comme le fait la Loi française. Ainsi, la Déclaration des droits de l'homme et du citoyen, votée le 26 août 1789 par l'Assemblée nationale, amorce un glissement sémantique entre peuple et nation. Le mot peuple prend une dimension historique tandis que la nation acquiert une dimension politique.

L'expression de "peuple français" désigne dans le droit l'ensemble des personnes de nationalité française auquel appartient la souveraineté politique, et celles au nom desquelles la justice est rendue. Dans la tradition constitutionnelle française, la notion de peuple revêt un caractère de droit positif et au nom duquel jugent les tribunaux. Le concept de "peuple français", au sens juridique du terme, est rattaché à celui d'unité ou même d'unicité de ce peuple. L'Etat-nation français rejette donc l'idée selon laquelle le peuple français serait un groupe ethnique particulier doté de caractéristiques bien définies et déterminées. Néanmoins la langue française, celle pratiquée par l'aristocratie de l'Ancien Régime, fut essentielle à la construction de la France car en 1789 la moitié environ du peuple français ne la parlait pas et ne la comprenait pas, et seulement 12% de la population la pratiquait couramment. A la sortie de cette Révolution, la 1ère République développe l'idée d'un universalisme républicain, c'est-à-dire l'égalité de traitement pour tous les citoyens sans distinction d'origine géographique

Le mot démocratie désigne aujourd'hui un système politique dans lequel le peuple est souverain. Par extension, la démocratie peut aussi qualifier une forme de société, la méthode de gouvernement qu'adopte une organisation ou de façon générale un système de valeurs morales. La démocratie prend ses racines principales dans la cité antique d'Athènes (vers – 500 av. J.C.). Tous les citoyens athéniens avaient le droit de prendre la parole à "l'Ecclésia" qui était le lieu où étaient votées les lois de la cité. Néanmoins, les femmes, les esclaves et les métèques (les étrangers) n'étaient pas considérés et reconnus comme des citoyens. Des 250 000 habitants d'Athènes, seuls 40 000 environ étaient des citoyens pleinement reconnus. Il ne s'agissait donc pas d'une démocratie au sens moderne du terme. Au Moyen-âge de nombreux systèmes sont fondés sur des élections ou une assemblée délibérante. Pour autant, ces systèmes sont loin d'une véritable démocratie car la participation demeurait limitée à une minorité de personnes, principalement issue de la noblesse ou du clergé. En Angleterre, le "Bill of Rights", établi en 1689, codifie certains droits et principes monarchiques. Il renforce le rôle du Parlement dans la vie politique jusqu'à ce que la monarchie ne devienne qu'une simple figure de proue symbolique et représentative mais sans réels pouvoirs. Les USA se considèrent comme la première démocratie libérale dans la mesure où la

Constitution de 1788 fonde les principes naturels de liberté, d'égalité devant la loi et qu'elle s'oppose aux régimes aristocratiques. En France, l'abbé Sieyès, qui fut un des rédacteurs de la 1ère Constitution française, oppose le gouvernement représentatif, qu'il contribue à mettre en place, à la démocratie, système qu'il rejette. En France, les principes démocratiques sont cependant établis par la Révolution de 1789, même si régulièrement les diverses constitutions hésiteront entre suffrage censitaire et suffrage universel masculin. Il faut attendre la Constitution de la 4ème République en 1946 pour que le droit de vote soit accordé à tous les citoyens majeurs, hommes et femmes. Autrement dit, l'avènement de la démocratie est un long chemin. Le XXe siècle sera celui qui mettra à l'épreuve des pays démocratiques dont la plupart étaient à peine âgés de 100 ans. La montée des totalitarismes allemand, italien et soviétique et l'instabilité d'autres pays, l'Espagne par exemple, ont menacé la pérennité du système démocratique. Ce système n'est pourtant pas majoritaire sur la planète car en 2005, l'ONU recensait seulement 88 démocraties sur 195 Etats membres.

Les premiers penseurs théoriques de la démocratie furent les philosophes grecs Aristote (384-322 av. J.C.) et Platon (428-348 av. J.C.). Platon avait fait l'expérience de l'aveuglement populaire dans un régime ou régnaient les passions et l'art d'entraîner les foules par la démagogie et la sophistique. Son analyse s'appuie sur l'idée que pour gouverner un peuple il faut posséder une science morale et philosophique. Selon lui, les simples citoyens, réfléchissant surtout en fonction de leurs intérêts personnels, ne sauraient diriger la cité. Aristote va plus loin et analyse une typologie des différents régimes politiques. Il distingue 3 systèmes qui ont pour but de garantir l'intérêt général : la monarchie, l'aristocratie et la 'politie' (le gouvernement du plus grand nombre). Leurs 3 déviations qui servent des intérêts correspondent à la tyrannie, à l'oligarchie et à la démocratie. Cette dernière est pourtant considérée par Aristote comme un juste milieu ou le moins mauvais des trois systèmes. En réponse aux griefs de Platon contre l'incompétence du peuple, Aristote défend la délibération démocratique d'un grand nombre de citoyens.

Un autre grand penseur des systèmes démocratiques fut Alexis de Tocqueville (1805-1869, philosophe, écrivain, magistrat et homme politique). Dans un célèbre ouvrage, publié en 2 volumes entre 1835 et 1840 et intitulé 'De la démocratie en Amérique', il étudie et analyse la jeune démocratie américaine. Il considère la démocratie comme principalement caractérisée par une tendance naturelle à l'égalisation des conditions sociales et matérielles. Le mouvement historique vers cette égalité des conditions est considéré par Tocqueville comme universel et inéluctable. Néanmoins, il décèle dans la démocratie un conformisme des opinions et il craint une tyrannie de la majorité car les individus ont tendance à abdiquer leurs volontés au profit de l'Etat, et la majorité peut dans certains cas opprimer la minorité. Néanmoins il s'agit de risques que l'on peut anticiper et prévenir. Il identifie enfin le fait que la démocratie peut favoriser, par la perte du lien social, les comportements individualistes contraires aux intérêts de la société. Il s'oppose au jacobinisme centralisateur et milite pour un système libéral ainsi que pour la colonisation, notamment en Algérie.

En revanche, l'enseignant et philosophe autrichien Karl Popper (1908-1994) définit la démocratie par opposition à la dictature ou la tyrannie. Ainsi une démocratie est un système dans lequel est mis en place un contrôle institutionnel des dirigeants. Il faut contrôler ceux qui ont des responsabilités. Selon cette théorie le peuple exerce une influence sur les actes du gouvernement et il a le pouvoir de se débarrasser des gouvernants sans révoltes ou effusion de sang. En effet, une société démocratique donne au peuple, non pas la possibilité de gouverner mais la possibilité de contrôler et d'évincer ceux à qui nous avons délégué une responsabilité. Donc, l'important dans une démocratie ne serait pas de savoir qui gouverne (les capitalistes, les ouvriers, les meilleurs, les plus érudits, les plus sages, etc.) mais de savoir comment on peut surveiller ou évincer les dirigeants sans avoir besoin de faire une révolution.

Une autre vision de la démocratie fut développée par le philosophe grec Cornelius Castoriadis (1922-1997). Il fut un critique sévère des régimes représentatifs qu'il considérait comme des oligarchies au sein desquelles le peuple n'a aucun véritable pouvoir. Selon lui, une démocratie est directe sinon ce n'est pas une démocratie. L'autonomie, l'autre nom par lequel il désigne la démocratie, doit être le régime de la liberté, individuelle ou collective, et de l'égalité, politique et économique. Elle suppose donc la participation de tous aux décisions les concernant, la possible révocation des élus à tous les niveaux ou encore une séparation nette des activités publiques et privées. La démocratie de Castoriadis implique l'autogestion de la production, une égalité des revenus et place l'éducation au centre des préoccupations.

Comme on le voit, la théorie ainsi que les idéaux démocratiques, outre leurs traits communs, offre une variété de visions. Peut-être même que l'idée de démocratie se retrouve dans ce polymorphisme. Dès lors, il peut paraître naturel et compréhensible qu'il existe différents types de démocratie. Les pays ont donc choisi de s'organiser soit en une démocratie directe, soit représentative, soit mixte ou libérale.

Dans une démocratie directe, le pouvoir est exercé directement par les citoyens sans l'intermédiaire d'organes représentatifs. Selon les lieux et les époques, la démocratie directe désigne différentes formes de gouvernement ou d'association politique et dans lesquels la population prépare et propose des lois, puis décide leur adoption et surveille leur application. Des procédures décisionnelles spécifiques sont associées à la démocratie directe, par exemple le référendum, les assemblées populaires, le mandat impératif et révocable, ou encore le mandat unique ou à durée limitée. Par ailleurs, l'idée de démocratie directe est souvent associée à celle d'autogestion, particulièrement lorsqu'elle se rapporte au domaine économique de la production. C'est à priori une belle théorie qui paraît attrayante pour un grand nombre de personnes mais malheureusement pour eux cela n'a jamais fonctionné en pratique. Des expériences historiques et tentatives avortées nous le montrent. Ainsi le communisme de conseils, l'autogestion et plus généralement beaucoup d'idées libertaires, anarchistes et syndicales révolutionnaires ont puisé leurs fondements dans cette volonté de démocratie directe.

Pour qu'une démocratie représentative existe, il faut que les citoyens élisent des représentants chargés de créer des lois ou de les faire exécuter. Néanmoins, au sein d'une démocratie indirecte, appelée plus couramment représentative, tous les dépositaires d'un pouvoir ne sont pas nécessairement élus par des citoyens. Ils peuvent être nommés par une autorité supérieure comme c'est le cas du Premier ministre et des Préfets en France. De même les juges et les magistrats ne sont pas élus en France contrairement à d'autres pays, comme par exemple les USA. La démocratie indirecte, représentative ou délégataire est le système majoritaire parmi les pays démocratiques. Toutefois, il existe des régimes mixtes qui combinent à la fois des caractéristiques d'une démocratie directe et d'une démocratie représentative. C'est le cas de la 5ème République française.

Une démocratie libérale est une démocratie représentative dans laquelle la capacité des élus à prendre des décisions est soumise au droit et est généralement encadrée par une constitution. Ce texte juridique primordial met l'accent sur la protection des droits et libertés en posant un cadre contraignant aux dirigeants. L'idée de démocratie libérale n'implique pas une forme de régime représentatif particulier car celui-ci peut être parlementaire, présidentiel ou mixte. De même elle n'impose pas un régime représentatif au sens strict mais elle peut aussi qualifier un régime semi-direct ou participatif.

Il existe enfin un autre système démocratique, théorique, mais qui n'a jamais été mis en place dans quelque pays que ce soit. Il s'agit de choisir des délégués ou des représentants par un tirage au sort parmi les citoyens. A première vue il peut paraître absurde et dangereux de se fier au hasard dans un régime démocratique puisqu'il semble exclure toute forme de compétence. C'est ce que constatait déjà le philosophe grec Xénophon (430-355 av. J.C.). En effet, personne ne voudrait tirer au sort un pilote d'avion, un architecte, un joueur de piano, un chirurgien, etc. Cela peut paraître une idée de bon sens mais cela ne peut guère s'appliquer à des élus ou des représentants car ceux-ci n'ont pas besoin de posséder certaines aptitudes particulières et connaissances techniques pour exercer leur mandat. Inventé dans des temps archaïques pour désigner les chefs de tribus, ce tirage au sort a été conservé par les générations suivantes parce qu'il offrait l'avantage d'apaiser les sanglantes rivalités. Même dans les sociétés oligarchiques le tirage au sort limitait les luttes internes dans les partis. Alors que l'élection peut favoriser l'intrigue, la compétition, les fraudes, le tirage au sort est un moyen pour supprimer les manœuvres électorales. Et n'oublions pas qu'en France les jurés de cours d'assises sont choisis au hasard parmi les listes électorales. C'est donc un système qui n'est donc pas si mauvais que cela....

Gouvernement et République

Le terme "gouvernement" apparaît au XIIe siècle et vient du latin "gubernare" lui-même apparenté au grec ancien "kybernaô" qui signifie *"tenir le gouvernail"*. Autrement dit, gouverner c'est "piloter un bateau", "conduire une nation" ou "commander une administration". Au sens moderne du terme, le mot français désigne à la fois le pouvoir qui dirige l'Etat et l'organe politique qui exerce le pouvoir exécutif. Un gouvernement est donc une institution politique qui exerce le pouvoir dans un pays, car il décide et entreprend les actions nécessaires à la conduite de l'Etat. On distingue généralement 3 types d'Etat, étant donné bien entendu que l'organisation politique détermine en partie la forme que peut prendre le gouvernement. Ces différentes typologies sont l'Etat unitaire, l'Etat fédéral ou la Confédération.

Un Etat est dit unitaire lorsque sa population est soumise au même pouvoir unique. Il s'agit de la forme la plus répandue dans le monde. C'est le cas par exemple de la France et cet Etat unitaire connaît en général une organisation plus ou moins décentralisée. Un Etat est dit fédéral lorsqu'il est composé de plusieurs entités autonomes dotées de leur propre gouvernement. Le statut de ces entités est généralement garanti par une Constitution et ne peut être remis en cause par une décision unilatérale du gouvernement central ou fédéral. On constate une répartition des différents pouvoirs entre le gouvernement fédéral et les gouvernements des Etats fédérés. C'est le cas par exemple des USA et de l'Allemagne. Une confédération est une union d'Etats indépendants qui, par un ou plusieurs traités, délèguent l'exercice de certaines prérogatives et compétences à des organes communs destinés à coordonner leur politique dans un ou plusieurs domaines. La Suisse a choisi de s'organiser selon ce principe.

Après les différentes formes d'organisation d'un Etat évoquons maintenant les caractéristiques fondamentales d'un gouvernement. Les régimes politiques, ou formes de gouvernement, peuvent être analysés depuis plusieurs points de vue théoriques, ceux-ci pouvant être complémentaires les uns des autres. Les principes de répartition du pouvoir communément utilisés par les historiens sont : l'autocratie où un seul homme détient tous les pouvoirs, l'oligarchie où un petit groupe de personnes forme une classe dominante détenant les pouvoirs, la démocratie où les citoyens participent aux choix politiques et l'anarchie où le pouvoir est souvent partagé entre plusieurs personnes, organismes et associations.

Le gouvernement assure les fonctions régaliennes, entendu ici dans le sens de souveraineté de l'Etat. Celles-ci sont : la sécurité extérieure aux frontières assurée par la diplomatie et l'armée, la sécurité intérieure en maintenant l'ordre public grâce à la police ou les militaires le cas échéant, la contribution au droit et la définition de la politique pénale, le calcul et le recouvrement des impôts, l'émission de la monnaie et la gestion des finances publiques. Ces deux derniers éléments ont cependant tendance, sous la pression de l'idéologie libérale à être transféré à des organismes ou sociétés privées. Le pouvoir politique s'est toujours attaché à justifier sa légitimité et celle du gouvernement. Dans le régime constitutionnel de la 5ème République française, le gouvernement constitue la seconde tête du pouvoir exécutif bicéphale.

Le mot "république" est issu du latin qui associe "res" et "publica", ce qui signifie littéralement "chose publique". Il désigne l'intérêt général, puis par extension et association d'idées le gouvernement et enfin l'Etat. Les premiers peuples à s'être dotés d'une république furent les Grecs et les Romains, même si ces formes antiques d'organisation politique ne correspondent pas entièrement à notre conception actuelle de la république. Au Moyen-âge certaines cités échappent au pouvoir féodal et conservent leur autonomie politique. On parle alors soit de ville libre, soit de ville franche. Plus tard, les historiens baptiseront abusivement de république cette forme nouvelle de gouvernement urbain et oligarchique. En revanche, la confédération des 12 cantons, qui donnera plus tard la

Suisse, devient officiellement indépendante du Saint-Empire Romain Germanique avec les traités de Westphalie, signés en 1648. De même, les sept provinces unies, l'ancien nom des Pays-Bas, deviennent à la suite de l'acte de La Haye en 1581 un des premiers pays européens à devenir une République.

Plusieurs conceptions et définitions de la République existent et furent développées par des écrivains, philosophes, historiens et sociologues. Je n'en citerai que quelques-uns car il m'est impossible ici d'analyser les idées de tous ces intellectuels et ce serait certainement trop long. L'important pour moi est de retenir quelques idées principales et principielles. Un des premiers à se questionner sur ces notions de souveraineté et de république est sans doute l'écrivain et philosophe genevois Jean-Jacques Rousseau (1712-1788). C'est le premier à fournir un socle théorique à la notion de République. Il définit la république comme un Etat régi par des lois garantissant l'intérêt public et général. Le mot même de République prend alors le sens de communauté d'esprit dans le but d'une recherche de biens communs. Cette nouvelle idée à l'époque du XVIIIe siècle s'opposait à l'idée anglaise de monarchie constitutionnelle. A cette époque il n'était pourtant pas encore question d'envisager une république en France. Sans rentrer le détail de la pensée de ce philosophe des "Lumières" il est important de retenir son legs. Je le résumerai en 3 idées principales : la souveraineté populaire, la démocratie qui est l'expression de la volonté générale et la vertu des représentants du peuple. Au moment de la Révolution française, le régime politique faisant suite à la monarchie est baptisé "République" en référence à l'idéal de gouvernement romain. Lors de l'abolition de la royauté, la

1ère République française est proclamée le 21 septembre 1792. Par la suite le mot et le concept se sont confondus avec le mot de démocratie. Cette assimilation récente s'explique par l'histoire politique des révolutions américaines et françaises, au cours desquelles l'adoption de la démocratie fut débattue par les constituants et qui choisiront l'idée d'un gouvernement représentatif, autrement dit républicain. Toutefois la définition humaniste d'un Etat libre, d'un Etat sans roi, se trouve déjà chez plusieurs philosophes médiévaux.

Cependant la question de la forme républicaine de l'Etat a intéressé les intellectuels depuis l'époque de la Renaissance. Mais c'est finalement durant le siècle des Lumières que les racines républicaines de la France seront plantées. Précisons que la France, plus sans doute que d'autres pays comparables, a connu plusieurs types de républiques. République jacobine, girondine, directoriale, ou impériale ont de fait constitué l'histoire de notre pays et cimenté l'attachement des Français à la République. Il y a en France une véritable philosophie républicaine, et c'est sans doute le principal héritage de la Révolution de 1789, et une morale que l'on a enseignée à des générations d'écoliers. On pourrait presque parler d'une valeur idéologique que personne aujourd'hui n'oserait contester et remettre en cause. Le mot ne désigne plus seulement un cadre institutionnel mais aussi une attitude, un comportement social et une façon commune de vivre. Le mot s'est chargé au fil du temps de significations historiques diverses qui lui ont certainement donné sa légitimité. La République française est aujourd'hui faite d'institutions bien définies (l'école, la police, la justice, etc.) mais aussi de figures ou de symboles, plus ou moins conscients. Cette vision patrimoniale de la République est fortement ancrée dans les esprits des citoyens français. Ainsi, chaque fois que le Président de la République prend la parole publiquement il finit toujours son discours par ces mots :"Vive la République, vive la France !".

Citoyens et Elections

Le mot citoyen est issu du latin "civitas" qui signifie "droit de cité" ou "droit d'un habitant". La citoyenneté est donc le fait pour un individu, pour une famille ou pour un groupe d'être reconnu officiellement comme citoyen, c'est-à-dire membre d'une ville, d'une cité ou plus globalement d'un Etat.

Historiquement, le royaume lagide, (-323/-30 av. J.C.) dans l'Egypte antique, voit apparaître de grandes cités comme Alexandrie ou Ptolémaïs dans lesquelles la citoyenneté était réservée à l'élite macédonienne. Elle sera ensuite élargie graduellement à tous les habitants de ces cités. En effet, la Grèce antique est à l'origine de la citoyenneté telle que nous la comprenons aujourd'hui. La politique se développe alors comme un domaine autonome de la vie collective. La "polis" (communauté) est fondée sur l'égalité de tous, mais en réalité seuls les hommes descendant de citoyens peuvent devenir citoyens eux-mêmes. La cité est fermée aux étrangers et l'expression publique réservée à une élite. La démocratie athénienne est directe, la hiérarchie entre les hommes est abolie mais uniquement sur le plan politique. Il n'existe pas d'égalité sociale et économique mais l'activité politique reste réservée aux membres les plus favorisés de la cité. En revanche, la citoyenneté romaine diffère fondamentalement de la citoyenneté grecque car elle est définie en termes juridiques. Le "civus romanus" dispose de droits civils et personnels. Lors de la Révolution française de 1789 le terme de citoyen est fortement réutilisé. Il instaure alors une égalité puisque tout homme, et femme, de nationalité française peut être appelé "citoyen" ou "citoyenne" contrairement aux titres de noblesse. C'est cette Révolution qui transforme les Français en citoyens pourvus de droits politiques garantis par la loi, et qui ne sont plus des sujets soumis à un Roi.

Selon la Constitution française, la citoyenneté comporte des droits et des devoirs. Les droits civiques permettent de participer à la vie publique et politique, de pouvoir candidater à des emplois publics, d'être électeur ou d'être éligible. Les devoirs civiques sont essentiellement ceux d'accomplir son service national, même s'il est actuellement et sans doute temporairement supprimé, d'être juré dans une cour d'assises et de respecter les lois et les règlements. En France, les droits liés à la citoyenneté sont codifiés dans certains articles de la Déclaration des droits de l'homme et du citoyen de 1789, en particulier les 4 articles qui n'accordent pas un droit à l'individu en général mais au citoyen en particulier. C'est notamment l'égalité de droits et de devoirs qui associés à la citoyenneté fonde le lien social et politique. Les citoyens d'une même nation forment une communauté politique.

La citoyenneté, qui implique l'exercice de droits civiques (vote, engagement politique, etc.), est une notion différente de celle de nationalité qui désigne le fait d'être personnellement régi par un droit civil national (nom de famille, majorité, mariage, etc.) même si la nationalité est presque toujours associée à la citoyenneté.

Cependant, dans certains pays et, ou à certaines époques historiques, la citoyenneté fut réservée aux hommes ou conditionnée au paiement d'un impôt. Toutefois, la capacité d'un individu à exercer sa citoyenneté dépend fortement du niveau démocratique du système politique et social dans lequel il se trouve. Mais elle dépend également des apprentissages de la participation aux élections qu'a pu faire cette personne.

L'élection est un processus déterminé et légal permettant de choisir et de désigner les représentants des citoyens. La population concernée par le vote transfère une partie de sa légitimité à un gouvernement qui exerce le pouvoir. Dans les cités antiques, l'élection est à l'origine un concept et une pratique aristocratique. Le choix des membres du peuple pour exercer la fonction de magistrat s'effectue normalement par tirage au sort et non par un vote. Avec la contestation de la légitimité monarchique, le siècle des Lumières et l'avènement du libéralisme sous ses formes philosophiques, politiques et économiques ont conduit à réintroduire et à retravailler le concept d'élection. Néanmoins, au cours de l'époque révolutionnaire l'élection n'est pas considérée comme un processus démocratique parfaitement légitime. Il reste d'usage jusqu'à l'époque moderne de parler de démocratie représentative plutôt que de démocratie tout court.

Le système électif n'est pourtant pas réservé au seul monde politique. En effet, les associations (assemblées générales, syndics de copropriétés), les entreprises (conseils d'administration, assemblées d'actionnaires, délégués du personnel), les syndicats de salariés mais aussi l'Eglise catholique (conclaves, synodes) pratiquent les élections pour choisir les responsables de leur organisation. Bien sûr, le système électoral, adopté par la majorité des démocraties modernes, n'est pas exempt de difficultés, d'inconvénients et de critiques. Parmi celles-ci figurent : la reconnaissance du vote blanc, l'idée de rendre le vote obligatoire, un découpage des circonscriptions parfois inéquitable, la faiblesse programmatique des candidats ou le système de désignation des candidats aux élections.

Le vote blanc consiste à déposer dans l'urne une enveloppe vide ou contenant un bulletin blanc dépourvu de tout sigle ou nom de candidat. Ce vote se distincte de l'abstention, qui est le fait de refuser de participer à une élection, et du vote nul qui caractérise un bulletin refusé pour diverses raisons d'ordre techniques ou légales. Le vote blanc, malheureusement moins médiatisé que l'abstention, est néanmoins le résultat d'une expression politique, tandis que le vote nul est la manifestation d'une colère ou d'un mécontentement dans la mesure où l'électeur refuse le principe du choix. Dans le domaine des sciences politiques, on estime que le vote blanc contribue à mesurer la légitimité d'un élu. En effet, si quelqu'un est élu avec peu de bulletins blancs ses décisions seront peut-être mieux respectées. Certains militants politiques réclament même qu'un candidat ne pourrait être définitivement élu que s'il obtient une majorité calculée en comptabilisant les bulletins blancs. Dans toute élection le phénomène de l'abstention peut avoir un impact important dans la mesure où le vote exprimé peut apparaitre illégitime si le taux d'abstention est trop élevé. Dans cette hypothèse le vote n'est plus que l'expression d'une minorité.

Pour limiter ces inconvénients et contrer ces phénomènes, on peut imaginer de rendre le vote obligatoire pour les citoyens inscrits sur les listes électorales. Actuellement, plus de 20 pays, répartis sur tous les continents, ont des lois qui rendent le vote obligatoire. En France, ce début resurgit régulièrement lorsque les médias se désolent du taux d'abstention de plus en plus élevé à chaque élection. L'inscription sur les listes électorales est obligatoire mais aucune sanction n'est prévue à l'encontre des citoyens qui ne votent pas, sauf pour les "grands électeurs" à l'occasion des élections sénatoriales. Le législateur français, et ce à toutes les époques, n'a jamais voulu imposer le vote car il a toujours considéré qu'il s'agissait d'un devoir moral des citoyens. Personnellement je serai favorable au vote obligatoire parce que cela permettrait de lutter contre l'abstention, de légaliser le vote blanc, de renforcer la citoyenneté et l'attachement aux valeurs républicaines, de diversifier l'offre politique et d'avoir des hommes et des femmes politiques plus représentatifs de la diversité populaire.

La délimitation administrative des circonscriptions électorales est des divisions formelles du territoire national dans lesquelles les députés, les conseillers régionaux et les conseillers départementaux se présentent aux élections. Chaque département comporte au minimum une circonscription électorale. Ces limites expliquent en partie les différences numéraires entre chaque circonscription. C'est pourquoi des redécoupages ont lieu régulièrement pour suivre en théorie les évolutions démographiques. En effet, toute population évolue dans le temps et l'espace, ce qui n'est pas sans conséquences sur la validité d'un découpage électoral. Cette délimitation entre les électeurs peut perdre son caractère équitable lorsque le rapport entre candidats élus et électeurs inscrits varie significativement d'un département à l'autre. On s'aperçoit en effet que les députés issus du monde rural ont peu d'électeurs tandis que les députés urbains doivent recueillir un grand nombre de suffrages. De même, certains gouvernements mélangent parfois à dessein des populations contrastées pour favoriser une expression politique au profit d'une autre. J'avoue que je n'ai pas de solutions originales pour résoudre ces problèmes. Peut-être pourrait-on imaginer et créer une commission indépendante du gouvernement et des partis politiques et chargée de délimiter et définir plus précisément les circonscriptions électorales.

Un autre problème du système électoral concerne la faiblesse programmatique des candidats. La nécessité pour un candidat de rassembler et d'obtenir le maximum de suffrages conduit souvent celui-ci à confectionner un programme consensuel. L'autre argument mis souvent en avant par les analystes et éditorialistes politiques serait que l'électeur vote non pas pour un programme, basé sur des mesures à mettre en place une fois élu, mais pour une personnalité charismatique. De plus, l'usage fréquent des sondages par les médias peut perturber l'opinion publique et créer chez les électeurs les plus indécis des mouvements d'adhésion ou de rejet. C'est vrai et essentiel, parce que très peu d'électeurs lisent les programmes et se déterminent malheureusement trop souvent sur les aspects personnels des candidats.

La sélection interne des candidats dans chaque parti ou formation politique constitue également un enjeu démocratique. En théorie la candidature est libre ou se fait en tous cas dans des conditions d'égalité. Cependant certains candidats sont les représentants, officiels ou officieux, de courants plus ou moins importants au sein de chaque parti. Ceux-ci sont souvent traversés par des luttes d'influences, des magouilles, des combines ou des arrangements au détriment de l'intérêt général et des programmes. Pour moderniser et rendre les partis politiques, peut-être que l'interdiction du cumul des mandats ou imposer un mandat révocatoire seraient des solutions intéressantes. Je ne donne que 2 exemples d'amélioration possible du fonctionnement des partis mais il en existe sûrement beaucoup d'autres.

Etat de Droit

La formule "Etat de Droit" apparaît pour la 1ère fois en 1911 sous la plume de Léon Duguit (1859-1928). Dans son "Traité de droit constitutionnel", le célèbre juriste français signifie que cette notion est que : *"L'Etat est subordonné à une règle de droit supérieure à lui-même, qu'il ne crée et qu'il ne peut violer"*. Il soutient de plus que si :*"l'Etat est fondé sur la force, cette forme n'est légitime que si elle est fondée sur le droit"*. Son collègue et contemporain Maurice Hauriou (1856-1929) complète le propos en considérant que l'Etat doit être limité et encadré par la stabilité du droit en son sein. Le juriste français Raymond Carré-de-Malberg (1861-1935) écrit quant à lui que l'Etat de Droit veut :*"que la Constitution détermine supérieurement et garantisse aux citoyens des droits individuels qui doivent demeurer au-dessus des attentes du législateur. Le régime de l'Etat de Droit est un système de limitation, non seulement des autorités administratives mais aussi du corps législatif"*. D'autres penseurs européens, comme le juriste russe Evgueni Pachoukanis (1891-1937) et le philosophe allemand Carl Schmitt (1888-1985), analysent le concept d'Etat de Droit en termes politico-sociaux. Pour Pachoukanis, membre du parti communiste soviétique, l'Etat de Droit a été démasqué par la lutte des classes qui montre qu'il est : "*la violence organisée d'une classe de la société sur les autres classes*". Quant au penseur de l'extrême droite allemande, il déclare que la théorie de l'Etat de Droit veut imposer comme norme la Loi, fondée sur la décision collective. Il propose donc à contrario un principe reposant sur l'autorité d'un chef ("führer" en allemand). Bien avant ces intellectuels modernes, le philosophe grec Aristote déclare qu'un Etat constitutionnel a pour condition le fait que la loi prime sur la volonté individuelle d'un souverain et que les agents de l'Etat, dits magistrats, se plient et se soumettent aux lois. La condition fondamentale de l'Etat de Droit est donc la reconnaissance de la suprématie de la loi sur la volonté de celui qui détient le pouvoir. On retrouvera cette idée et ces conceptions chez John Locke (1632-1704), Montesquieu (1689-1755) et Kant (1724-1804).

Le droit naturel et les droits de l'homme, en tant que fondement des régimes démocratiques et de l'EStat de Droit, furent historiquement opposés au droit divin, fondement des régimes théocratiques et justification des monarchies d'Ancien Régime. Cependant, au-delà de cette opposition, tous les droits reprennent une thèse dont le principe essentiel remonte à l'antiquité, à savoir des règles universelles, intemporelles et imprescriptibles. Ces principes sont supérieurs à la volonté des pouvoirs politiques et assurent à tous les êtres humains des droits identiques, quelles que soient leurs conditions de vie. Tandis que le droit divin attribue l'origine des règles à une autorité surnaturelle et transcendante, le droit naturel les attribue à la nature humaine elle-même. Le droit naturel n'a donc pas besoin de référence religieuse pour exister, ce qui, dans un monde marqué par la diversité des religions, est censé lui donner une portée générale à laquelle aucune religion ne peut prétendre. Tous les systèmes de droit contiennent une "morale interne" imposant aux individus une obligation présomptive d'obéissance. Cette moralité par obligation a pour corollaire la croyance que pour vivre en démocratie, nos libertés doivent être régulées par des obligations précises que nous devons respecter.

L'existence d'une hiérarchie des normes juridiques constitue l'une des plus importantes garanties de l'Etat de Droit. Dans ce cadre, les compétences des différents organes de l'Etat doivent être précisément définies et les règles qu'ils édictent ne sont valables qu'à la condition de respecter l'ensemble des normes supérieures. Au sommet de cette pyramide est placée la Constitution, suivie des engagements internationaux, des lois générales puis des règlements et normes techniques. A la base de cette pyramide se trouvent les décisions administratives et les conventions et les contrats entre personnes privées. L'Etat, pas plus qu'un particulier, et qui a pour principale compétence d'édicter la loi, ne peut ainsi méconnaître le principe de légalité. L'égalité des individus devant le droit constitue la 2ème condition formelle de l'Etat de Droit. De plus, tout individu et toute organisation doit pouvoir contester l'application de la loi ou d'une norme juridique. C'est ce que l'on appelle les voies de recours judiciaire. Dans le cadre d'un Etat de Droit, le rôle des juridictions est primordial et leur indépendance est une nécessité incontournable.

DEUXIEME CHAPITRE : LES SYSTEMES POLITIQUES

Après avoir explicité et analysé les grandes notions philosophiques et sémantiques, il est temps de décrire les différents systèmes politiques qui empruntent à ces conceptions. Cette description sera forcément subjective et non exhaustive. Je n'ai choisi que les systèmes politiques qui me paraissent intéressants du point de vue historique et qui ont certainement influencé les débats dans notre pays. Ils ont sans doute inscrit, de manière inconsciente, dans la mentalité des Français le goût pour les combats démocratiques et les débats théoriques sur l'organisation administrative de la France.

Jacobinisme ou Girondinisme ?

Tout d'abord un peu d'histoire pour avoir quelques repères et les idées claires. Cela évitera les erreurs, les confusions et les anachronismes. Il nous faut encore une fois revenir à la grande Révolution de 1789. Pour résoudre une crise financière, le roi Louis XVI convoque les Etats Généraux en 1788 et les élections des députés ont lieu en janvier 1789. Dans la foulée de ces élections quelques députés (Le Chapelier, Lanjumais et Glezen), originaire de Bretagne, fondent en avril 1789 le club breton, juste avant l'ouverture officielle de ces Etats Généraux le 5 mai 1789 au château de Versailles. L'objet de ce club est à l'origine de préparer les séances en discutant en amont les résolutions qui doivent y être présentées. Bientôt ouvert à d'autres députés venus de toute la France, ce club se rebaptise "Société des amis de la Constitution" en octobre 1789 lorsque l'Assemblée nationale est transférée à Paris. Ce club de discussion politique s'installe dans l'ancien couvent des Jacobins, rue Saint-honoré. Tout part de là, et le nom est resté. Il est aujourd'hui devenu une doctrine et idéologie politique.

Depuis, le nom et l'adjectif s'appliquent à un homme ou une idéologie politique partisane d'un pouvoir centralisé de l'Etat et hostile à toute idée de son affaiblissement ou de son démembrement. En France, le terme "Jacobin" est associé aux républicains favorables à une démocratie centralisée et à un pouvoir exécutif fort. Toutefois, la centralisation française ne débute pas avec les Jacobins car les monarchies précédentes l'avaient mis en place depuis de nombreuses décennies. Ce que la Révolution tente de faire, c'est d'unifier linguistiquement les Français et d'en finir avec les particularismes législatifs locaux. Cependant, le camp des Jacobins est vu aujourd'hui comme un parti étatiste, soucieux de réformes sociales mais aussi sanguinaire et promoteur de la Terreur. On leur oppose le camp des Girondins, qui seraient de gentils fédéralistes partisans de l'autonomie des provinces, modérés et libéraux. Cette vision manichéenne de la Révolution politique est abusive et erronée. On touche là un lieu commun, un truisme du débat politique français. Pourtant rien n'est plus faux ! Le Jacobinisme c'est autre chose.

Le Jacobinisme est une doctrine politique qui défend la souveraineté populaire nationale et l'indivisibilité de la République. Cette pensée tend à organiser le pouvoir de façon administrative centralisée et à le faire exercer par des fonctionnaires étendant leurs compétences à tous les échelons géographiques et à tous les domaines de la vie sociale afin de rendre la Loi uniforme sur l'ensemble du territoire. Cette idéologie est évidemment rejetée par les penseurs libéraux, tandis que les républicains acharnés vont puiser à cette source et se réfèrent toujours aux grandes figures de l'histoire jacobine. Historiquement et politiquement, les Jacobins sont des démocrates. Ils comprennent la nécessité d'instaurer un nouveau système politique s'inscrivant dans le cadre de la Déclaration des droits de l'homme et du citoyen. Cependant, n'oublions pas qu'en 1789, les Jacobins étaient monarchistes, à l'égal de tous les députés de l'Assemblée nationale, et que ce n'est qu'en 1792-1793 qu'ils deviennent de fervents républicains.

La doctrine jacobine implique une volonté de sacrifice individuel à des pratiques qui dépassent, pour le bien de tous, l'intérêt de chacun. Malheureusement beaucoup d'historiens ont oublié la doctrine jacobine pour ne voir dans le jacobinisme de la Révolution qu'une machine à épurer et éliminer les concurrents politiques. D'autres historiens, peut-être moins nombreux et moins influents, reconnaissent aux Jacobins une certaine grandeur en les considérant comme les sauveurs de la République face aux attaques monarchistes. Toute la vie politique du XIXe siècle est marquée par ces oppositions car les hommes politiques de ce siècle sont les descendants des révolutionnaires et sont obsédés par leurs ainés. L'instauration définitive de la République en France fut un long parcours d'allers-retours entre Empires, Monarchies, et régimes électoraux plus ou moins démocratiques. Aujourd'hui encore, il existe toujours cette dissociation entre 1789 et 1793 puisque le jacobinisme s'est inscrit dans les enjeux idéologiques du XXe siècle. Le jacobinisme se situe donc au centre d'un débat politique qui dure depuis deux siècles.

Face au jacobinisme il est d'usage parmi les intellectuels français d'opposer une "bonne et vertueuse" décentralisation girondine. Il s'agit pourtant d'une construction intellectuelle postérieure aux événements révolutionnaires et souvent éloignée des faits réels. Ce que l'on nomme aujourd'hui "Girondins" est un groupe politique siégeant à l'Assemblée Législative (1791-1792) puis à la Convention nationale (1792-1795). Les chefs de file de ce courant politique furent les députés Jacques-Pierre Brissot et Jean-Marie Roland de la Platière, dit Roland. Si les hommes de la Révolution n'ignorent pas le terme de "Girondins", ils parlent plutôt de "Brissotins" et "Rolandistes" dans les journaux. L'appellation "Girondins" entrera définitivement dans l'inconscient collectif grâce à Alphonse de Lamartine (1790-1869) qui publiera en 1847 une œuvre en 8 volumes intitulée "Histoire des Girondins". Il s'inspira pour trouver le titre de la région d'origine des 1ers députés de ce groupe (Vergniaud, Guadet, Gensonné, Grangeneuve, Jean-François Ducos).

Les Girondins se sont violemment opposés aux Montagnards, incarnés principalement par les figures de Robespierre, Danton et Marat. Oppositions et débats qui eurent lieu soit au club des Jacobins, dont les Girondins étaient membres, soit à l'Assemblée Législative ou à la Convention nationale. Leur influence fut prépondérante à la Convention, de sorte que l'on parle parfois de "convention girondine" pour la période allant de ses débuts jusqu'en juin 1793. Voyant alors dans la guerre le salut de la Révolution, Brissot prône la guerre contre tous ceux qui, en Europe, encouragent une résistance aux lois révolutionnaires ou qui n'observent pas une neutralité. Dans son discours du 16 décembre 1791 à l'Assemblée, qui ouvre le grand débat sur la guerre, il déclare : « *Et nous, dont les frontières sont menacées, dont les réquisitions sont rejetées, nous hommes libres, nous balancerions. La défiance est un état affreux. Le mal est à Coblenz (...). Le pouvoir exécutif va déclarer la guerre, il fait son devoir et vous devez le soutenir quand il fait son devoir...*". Entre la France révolutionnaire et l'Europe monarchique, la guerre paraît donc inévitable. La seule incertitude demeure la date de son déclenchement et qui sera le premier à en prendre l'initiative. Pendant ce temps, les Girondins agissent et augmentent leur position dans le sens de Brissot. Ainsi, la presque totalité de l'Assemblée vote pour la guerre le 20 avril 1792. Les Girondins ont donc voulu la guerre et ont su entraîner la majorité de la France dans cette aventure, croyant que la guerre résoudrait les nombreux problèmes intérieurs que la Révolution a fait naître. Girondins et Montagnards se trouvent dès lors plus que jamais opposés quant à la politique que la France doit suivre.

Qu'est-ce que le girondinisme aujourd'hui en matière de théorie politique ? C'est d'abord l'idée que les communes, les départements et les régions doivent compter autant que l'Etat dans une République démocratique. Cette doctrine politique combat l'inégalité des provinces et des territoires éloignés face à la capitale. Ce concept et cette idéologie se rapproche du fédéralisme et du régionalisme. Cette identification des Girondins au fédéralisme s'explique par les circonstances historiques de leurs échecs et de leur chute. On les voyait alors comme une menace pour l'unité nationale et comme un palliatif de la monarchie. S'inspirant des débats révolutionnaires et de son expérience personnelle, le journaliste, économiste et philosophe français Pierre-Joseph Proudhon (1809-1865) va plus loin et crée une véritable théorie qu'il appelle mutualisme. En 1863 il publie un livre dans lequel il développe ses idées fédéralistes en matière politique et économique. Il refuse l'idée d'un Etat central qui s'occuperait de tout et propose à la place des coopérations ouvrières et communales qui n'auraient de comptes à rendre qu'à elles-mêmes. Il voit dans l'Etat et le monarque la même chose, c'est-à-dire un despote brimant les libertés. Il déclare en 1849 dans le journal "La voix du peuple" ceci : "*Quel est le but de cet organisme ?* (Etat). *De maintenir l'ordre dans la société en consacrant et sanctifiant l'obéissance du citoyen à l'Etat, la subordination du pauvre au riche, du vilain au noble, du travailleur au parasite, du laïc au prêtre, du bourgeois au soldat*". Plus proche de nous, le philosophe Michel Onfray reprend, sans originalité et nouveaux concepts, ces idées du XIXe siècle en précisant que l'on pourrait se passer d'un gouvernement et que nous devrions être organisés et régis par des accords signés entre tous les citoyens, que ce soit au niveau de l'entreprise, de la commune et de la région.

C'est sans doute une belle idée, séduisante à priori mais qui, malheureusement pour ces intellectuels, ne fonctionne pas concrètement. Si chaque commune, département ou région peut décider pour lui-même, qu'en est-il de la loi générale et des règles communes ? Il faut bien élire des représentants ou des délégués car on ne peut pas délibérer et voter en permanence. Doit-on choisir à plusieurs et tous les jours la marque des crayons, la forme et la couleur des chaises, le nom des rues, l'implantation géographique des divers équipements publics, etc.... ? C'en serait fini du développement et des investissements si nous étions tous sous le règne des assemblées générales permanentes. De même, et peut-être plus important encore, il est nécessaire de disposer d'une taille suffisante pour se protéger des divers dangers potentiels. Qu'en serait-il de notre sûreté si chaque commune ou chaque région disposait de sa propre police, de sa propre organisation des soins ou de sa propre langue ? Ce serait le retour au Moyen-âge et aux seigneurs féodaux. De plus, l'idée d'une République jacobine n'est pas incompatible avec une certaine autonomie des régions et des départements. Il suffirait simplement de redéfinir précisément dans la Constitution les fonctions et les attributions de chaque collectivité, de façon à ce qu'elles n'empiètent pas les unes sur les autres.

Fédéralisme ou Centralisation ?

Aujourd'hui nous parlons certes encore de Jacobinisme ou de Girondinisme mais les mots de fédéralisme et centralisation paraissent plus adaptés au contexte géopolitique moderne.

La notion de fédéralisme renvoie à l'ensemble des caractéristiques et des pratiques institutionnelles des systèmes politiques ainsi qu'aux théories politiques construites pour en rendre compte ou les promouvoir. Le fédéralisme est un système d'organisation administrative et de gouvernement dans lequel l'Etat est organisé en fédération et partage avec des Etats fédérés les diverses compétences constitutionnelles. Il s'oppose à la notion d'Etat unitaire ou indivisible. La séparation des pouvoirs se fait alors selon les modalités définies par une Constitution fédérale, et les citoyens doivent respecter une double loyauté car ils sont soumis au moins à 2 Etats. Schématiquement il existe 2 types de fédéralisme : le fédéralisme territorial et le fédéralisme communautaire. Le fédéralisme territorial tient dans le fait qu'un Etat fédéral est divisé en zones géographiques plus ou moins étendues et soumises à un Etat fédéré indépendant dans de nombreux domaines. Le fédéralisme communautaire a existé dans des Etats tels que l'Inde, la Chine, la Turquie, où c'étaient les communautés, essentiellement définies par l'origine ethnique ou la religion, qui constituaient une fédération. Concrètement cela signifie que des statuts spécifiques sont reconnus à chaque communauté, voire que des tribunaux spécifiques à chaque confession reconnue jugent les affaires de statut personnel.

La philosophie politique du fédéralisme fut soutenue par de nombreux auteurs, comme par exemple Althusius (1563-1638), Montesquieu (1689-1755), Kant (1724-1804), Tocqueville (1805-1859), Proudhon (1809-1865) ou encore Maurras (1868-1952). Le philosophe prussien Emmanuel Kant pose en 1795, dans un livre intitulé "Vers la paix perpétuelle" (Quel beau titre et idée magnifique !), les bases d'une philosophie du fédéralisme. La paix ne peut exister selon lui que si une organisation de type fédéral encadre les Etats, les privant ainsi du pouvoir de déclencher une guerre. Proudhon, quant à lui, étend l'idée du fédéralisme aux domaines économiques et sociaux. Il prône l'appropriation des moyens de production par les individus qui les utilisent quotidiennement et non leur collectivisation par l'Etat. Le principe fédératif s'oppose donc essentiellement au centralisme. Schématiquement on distingue 2 grandes conceptions du fédéralisme. En premier lieu il existe le fédéralisme institutionnel qui se centre sur l'organisation et le fonctionnement démocratique des institutions fédérales. Deuxièmement, le fédéralisme intégral, ou global, est une conception qui dépasse la seule théorie de l'Etat fédéral et en fait une philosophie politique à part entière. Elle est dérivée des écrits et de la pensée de Proudhon, mais aussi des courants du syndicalisme révolutionnaire et de l'anarcho-syndicalisme.

Il ne faut pas confondre fédéralisme et décentralisation, même si certains Etats pratiquent une décentralisation poussée menant à un fonctionnement proche de celui d'une fédération d'Etats ou de collectivités locales. La différence entre un Etat unitaire fortement décentralisé et un Etat fédéral tient dans la source du pouvoir. Dans un Etat décentralisé le pouvoir est délégué aux régions, aux départements et aux communes par une ou plusieurs lois. L'Etat peut donc théoriquement reprendre le pouvoir lorsqu'il le juge nécessaire, tandis que dans un Etat fédéral une Constitution définit la règle du jeu et les différentes attributions de pouvoir. On ne peut donc que très difficilement changer les méthodes d'organisation. On compte aujourd'hui dans le monde 28 Etats fédéraux rassemblant environ 40% de la population mondiale.

De même il ne faudrait pas confondre fédération, ou fédéralisme, et confédération. La distinction entre les 2 notions est parfois délicate à délimiter car il existe une certaine confusion entre les deux termes. Par exemple, et même si la Suisse a conservé le nom de confédération, elle est pourtant un Etat fédéral. D'un point de vue juridique, une confédération répond à une logique horizontale. Les Etats confédéraux, tous égaux quelle que soit leur taille, vont s'associer pour des raisons précises par le biais d'un traité. Ces Etats conservent donc leur pleine souveraineté. Un Etat fédéral répond en revanche à une logique verticale. Au sein d'une confédération, il existe des organes communs aux différents Etats, sans néanmoins qu'il y ait une création d'un Etat fédéral. Cependant, la distinction entre une fédération d'Etats et une confédération s'avère délicate en pratique. C'est le cas notamment de l'Union européenne dont la nature juridique est assez floue, car elle reste en construction. Les pays membres de l'U.E. n'ont toujours pas choisi entre un Etat fédéral international, une Confédération ou une simple association d'Etats souverains régis par différents traités internationaux.

En pratique l'Etat fédéral contrôle les Etats fédérés et vice-versa. Les Etats fédéraux participent aux décisions mais collectivement et non individuellement. Une des principales caractéristiques des systèmes fédéraux est une forme de bicamérisme basé sur l'existence d'organes politiques importants associant les citoyens fédérés et pas seulement les Etats. Il est de toute façon difficile d'envisager un fonctionnement fédéral sans pluralisme démocratique qui permet effectivement la participation d'entités fédérées. Cependant le cas des Etats arabes unis, qui est une fédération de 7 monarchies ethniques, montre que le fédéralisme n'implique pas nécessairement la démocratie. Les partisans du fédéralisme estiment que celui-ci permet d'appliquer au mieux le principe de subsidiarité, selon lequel les compétences doivent être attribuées au niveau le plus bas possible où elles peuvent être exercées efficacement. Selon les cas, le fédéralisme est symétrique, système dans lequel toutes les entités ont des pouvoirs identiques, ou asymétrique dans lequel les pouvoirs peuvent différer d'un organisme à l'autre à la suite d'accords particuliers. En règle générale dans un système fédéral les affaires étrangères, la monnaie, la défense nationale et les grandes lignes de la politique économique sont du ressort de l'Etat fédéral. L'enseignement, les affaires culturelles, la police et l'administration sont en revanche gérés par les Etats fédérés. Ce système fait parfois apparaître des conflits entre le niveau local et le niveau supérieur quant à la gestion des affaires intérieures. Ainsi les guerres civiles qu'ont connues la Suisse et les USA peuvent être interprétées comme une conséquence du système fédéraliste.

La France, quant à elle, construite sur le principe de la "République une et indivisible" est une exception relative. Une évolution fédéraliste, ou ne serait-ce qu'une évolution vers plus de décentralisation, supposerait donc des révisions constitutionnelles. Notre histoire nous apprend que ce sont surtout les circonstances politiques qui ont déterminé notre organisation politique. En effet, le fédéralisme est durant la Révolution de 1789 l'idée, attribuée au parti de la Gironde, de faire des 83 départements autant d'Etats égaux entre eux et confédérés. La France d'Ancien Régime possédait avant 1789 une certaine unité que lui avaient léguée Richelieu et Louis XIV, mais elle n'avait pas pu pour autant parvenir à l'unité administrative. Elle était divisée en provinces qui conservaient une part d'indépendance notamment dans leurs franchises fiscales, leurs législations particulières, leurs douanes, etc. A l'avènement de la Révolution, l'Assemblée constituante décréta l'unité administrative de la France et dès le début elle fit tomber les barrières existantes entre les provinces et créa les départements. De plus, la Constituante s'était donné pour objectif d'abattre les pouvoirs féodaux locaux. A cette époque du XVIIIe siècle, les fédéralistes prônaient un système politique se bornant à associer les diverses provinces d'un même Etat en leur laissant une large autonomie. La Convention proclama le 10 mai 1793 l'unité et l'indivisibilité de la République et 21 jours plus tard elle renversait le parti fédéraliste.

Le centralisme, ou la centralisation, est une forme d'organisation de l'Etat dans laquelle les décisions sont prises en un lieu unique. Dans un sens constitutionnel, les décisions sont prises dans la capitale d'un Etat organisé administrativement. La centralisation se traduit par une volonté unique, celle de l'Etat, qui part du sommet de l'Etat et se transmet jusqu'aux extrémités du pays, imposant une administration fortement unifiée et hiérarchisée. Inspirée du Jacobinisme, elle est censée, selon ses partisans, garantir l'égalité de traitement des citoyens.

Depuis la Révolution, et même avant, la France est un Etat fortement centralisé. En effet, l'Etat français était déjà en partie centralisé à la fin des guerres de religion, dans la seconde moitié du XVIe siècle, sous le gouvernement du Cardinal de Richelieu. Cette centralisation radicale et absolutiste s'intensifia après l'échec de la Fronde (1648 et 1653) et s'est accélérée encore plus sous le régime de la 1ère République (1792-1794). Napoléon Bonaparte organisa définitivement la France sous le mode de l'administration militaire romaine avec l'instauration des préfectures. Cependant, cette centralisation a connu dès le départ une résistance importante. Nombre d'hommes politiques, de penseurs, d'historiens et de sociologues de tendance libérale et réactionnaire ont vus dans la centralisation une force dominant les citoyens, une lourdeur administrative et une ignorance des particularismes régionaux. Cela étant, depuis les années 1980 la France a connu plusieurs étapes de décentralisation, souvent présentées par leurs détracteurs plus comme un désengagement de l'Etat dans certains secteurs, visant à réduire la dépense publique, qu'à une réelle volonté de réorganiser l'Etat autour des régions. En effet, selon la Constitution de la 5ème République, l'organisation de la France est décentralisée (article 1er) mais elle demeure très loin d'une réelle décentralisation, voire d'une régionalisation.

La décentralisation est en France un processus d'aménagement de l'organisation de l'Etat qui consiste à transférer des pouvoirs décisionnaires et des compétences vers des collectivités locales. La décentralisation est différente de la déconcentration qui décrit le fait de transférer des compétences à des administrations à l'intérieur même de l'Etat. Le terme de décentralisation économique désigne une politique d'aménagement du territoire qui vise à diminuer le poids économique de la région parisienne par rapport au reste du pays. En effet, l'Île-de-France concentre 1/6ème de la population nationale et de l'activité économique. C'est face à ce constat et à ces chiffres que fut mise en place durant les années 1960 une politique d'aménagement du territoire et que fut créée à cette fin la Délégation Interministérielle à l'Aménagement du Territoire et à l'Attractivité (DATAR).

Anciennement les parlements du royaume de France possédaient le pouvoir relatif de remontrance, c'est-à-dire la possibilité de contester les lois royales, et pouvaient refuser d'appliquer certaines lois. Le terme de "province" apparaît au XVe siècle pour décrire les nouvelles circonscriptions administratives créées pour lutter contre les structures féodales. Plus tard les départements, qui sont de nouveaux découpages administratifs, sont créés par l'Assemblée constituante avec l'objectif d'unifier le territoire français et de casser les particularismes locaux de l'Ancien Régime. La monarchie de Juillet (1830-1848) rétablit l'élection des conseillers municipaux et généraux. En 1837 la personnalité civile des communes est officiellement reconnue. Napoléon III met en place deux lois de décentralisation en juillet 1866 et 1867. La 1ère loi accorde aux conseils généraux l'autonomie sur un certain nombre d'affaires et la 2nde atténue en partie la tutelle préfectorale sur les collectivités locales. Cependant, les véritables premières lois de décentralisation interviennent en 1871 et 1884. Ces lois ont respectivement organisé l'administration du département et instauré le Conseil Général comme l'organe délibératif. Cependant les compétences des communes et des départements restent limitées car c'est toujours le Préfet qui détenait le pouvoir exécutif. Il conservera jusqu'en 1982 un contrôle très étroit, une tutelle, sur les actes et les délibérations des collectivités locales. Cette 1ère vague de décentralisation est justifiée par la crise financière et économique des années 1970. La tendance politique pousse à trouver des solutions locales face à un Etat dénoncé comme trop interventionniste. Ainsi en 1982 on supprime la tutelle administrative du Préfet et le pouvoir exécutif est transféré au Conseil Général. En 2003, de nouveaux transferts de compétences sont votés : gestion du personnel non enseignant des lycées par les régions, gestion de la formation professionnelle, organisation des transports ferroviaires, etc. La réforme constitutionnelle de 2003 consacre l'autonomie financière des collectivités locales, même si celles-ci restent largement dépendantes de l'Etat.

Cette décentralisation, plus ou moins aboutie, s'oppose et vient en contradiction avec l'interventionnisme économique, le dirigisme ou l'étatisme. L'interventionnisme est une politique préconisant l'intervention des pouvoirs publics dans la vie économique d'un pays. En France, une forme d'interventionnisme se retrouve dans le colbertisme. Le colbertisme est une doctrine économicopolitique du XVIIIe siècle fondant la richesse des Etats sur l'accumulation de réserves en or et en argent. Assimilé à la doctrine anglaise du mercantilisme, il prend ses sources dans un principe : l'influence et la grandeur de l'Etat sont proportionnelles à ses ressources en métaux précieux. L'objectif de l'Etat doit donc être d'obtenir ces ressources en menant une politique dirigiste et protectionniste dans le but de contrôler toutes les activités économiques du pays et notamment le commerce international. La plupart des historiens s'accordent pour voir dans le colbertisme un ensemble de pratiques économiques plutôt qu'un véritable courant de pensée politique. Les principes colbertistes demeurent profondément associés en France à la définition du rôle de la nation, de l'Etat et de son périmètre d'intervention économique. Il restreint les importations, octroie des subventions aux exportations et encourage aussi la création de monopoles d'Etat et de grandes compagnies et entreprises commerciales. Les guerres et les reconstructions post-combats amènent également l'Etat à s'engager plus fortement dans l'activité économique avec la production d'armes et la mise en place d'une économie de guerre. De plus, certains partis politiques et mouvements sociaux militent pour que l'Etat protège les citoyens contre les risques économiques et les défaillances du marché. Par extension, la planification, l'aide à l'investissement ou à la création d'entreprises, le soutien aux grandes entreprises nationales, à la recherche scientifique et la construction d'infrastructures sont aussi des formes d'interventions étatiques assez efficaces.

Certains exemples industriels nous montrent que l'interventionnisme et la planification voulue par l'Etat permet de grandes réalisations et des succès. Le programme TGV, la création d'Airbus, la construction du parc nucléaire civil, la fusée Ariane n'auraient pas été possibles sans la volonté de l'Etat français et l'investissement financier que seul cet Etat pouvait supporter. Aucune entreprise privée, quelle que soit sa taille, n'aurait eu la capacité technique, financière et humaine de mener à bien ces grands projets. L'utilisation en France du Commissariat Général du Plan et de l'influence de la puissance publique dans l'économie des Trente Glorieuses (1940-1970), permise par une haute fonction publique particulièrement active, a pu permettre de répondre à plusieurs défis géopolitiques et socio-économiques. Ainsi, le dirigisme permet à l'Etat de suppléer à l'initiative privée, incapable et parfois défaillante. Dans une conception large, il assure l'orientation de l'activité économique par le contrôle du crédit bancaire, de la monnaie, de la fiscalité, etc.... .

Libéralisme et Capitalisme

Le libéralisme est un courant de pensée qui prône la défense des droits individuels comme la liberté, la sécurité et la propriété au nom d'une vision fondée sur l'individu et la coopération volontaire entre les êtres humains. Le système libéral repose donc sur la responsabilité individuelle et le travail de tous. Le libéral n'accorde aucun intérêt au régime politique prétendant réformer les vices et les défauts des individus. Si l'ordre public est au service des libertés individuelles, les autorités sont tenues de réprimer le désordre public plutôt que de le réprimer. Le libéralisme peut apparaître ici comme un acte immoral de gouverner tirant parti de l'orgueil des individus et non comme une philosophie ou une éthique. Le libéralisme peut se décliner dans le domaine politique, économique, culturel et religieux, indépendamment les uns des autres. Cependant les libéraux contemporains se revendiquent d'un libéralisme complet. La théorie libérale s'est d'abord développée en France, au Royaume-Uni puis aux USA, en Allemagne et en Autriche.

Le philosophe Léo Strauss (1899-1973) considère que le libéralisme moderne tire ses racines de la pensée antique. Selon lui, Socrate est le 1er à avoir formulé des idées libérales. Au XVIe siècle, la scolastique, c'est-à-dire l'étude méthodique de la théologie médiévale, de l'école de Salamanque préfigure le libéralisme en faisant obligation au souverain (le roi ou le prince) de respecter les droits fondamentaux de chaque être humain, en raison de sa nature de créature divine. Les philosophes de l'école de Salamanque reformulent la notion de droit naturel héritée d'Aristote, des stoïciens, de Cicéron et de Thomas d'Aquin et en déduisent les principes de souveraineté et de séparation des pouvoirs. Dans le domaine économique, ils justifient la propriété privée, la libre circulation des personnes et des marchandises et défendent la liberté de commercer. La pensée libérale française se construit entre le milieu du XVIIe siècle et le milieu du XVIIIe siècle, sous l'impulsion des philosophes des Lumières, en opposition à l'absolutisme royal légitimé par des conceptions religieuses. Les nombreux théoriciens (Locke, Turgot ou Smith par exemple) du libéralisme posent les fondements de la théorie moderne en développant les thèmes principaux : droits naturels des êtres humains, séparation des pouvoirs, désobéissance civile, liberté de conscience et séparation des Eglises et de l'Etat. David Hume (1711-1776), Etienne Bonnot de Condillac (1714-1780) et Charles Louis de Secondat "Montesquieu" (1689-1755) développent les conséquences de leurs positions libérales dans les domaines politiques et économiques. En revanche d'autres penseurs comme Anne-Robert-Jacques Turgot (1727-1781) et Adam Smith (1723-1790) prennent soin d'opposer leurs revendications libérales à l'administration étatique.

La liberté, ou le libéralisme, se traduit par le droit pour chacun d'agir comme il le décide afin de poursuivre ses objectifs propres, d'échanger, de s'associer et de contracter librement, de s'exprimer librement et de choisir librement ses sources d'information. Le droit de propriété est le droit pour chaque individu de disposer à sa guise du fruit de son activité et des richesses qu'il a créées ou acquises de façon légitime, ainsi que de s'approprier toute chose qui n'est pas déjà la propriété d'un autre individu. Pour les libéraux ces droits ont un caractère universel et sont applicables à tous les humains, à tout moment et en tous lieux. Un droit naturel se distingue d'un droit positif en ce que son exercice ne suppose rien quant à l'action d'autres personnes et qu'il ne découle pas d'une définition législative. La thèse libérale moderne des droits naturels fut largement développée par le philosophe anglais John Locke (1632-1704). Cette théorie a fourni une justification idéologique aux révolutions américaine et française, notamment sur les droits de l'homme. Pour les libéraux une société heureuse est une société libre où chacun vit comme il l'entend tant que cela ne nuit pas à autrui. La morale libérale laisse chacun libre de choisir ses propres objectifs, ses propres moyens et sa propre éthique dans la mesure où il n'empêche pas les autres d'en faire autant. A part cela, le libéralisme ne prescrit aucun comportement au niveau individuel. La responsabilité, inséparable de la liberté et de la propriété, impose que chaque individu doit supporter les conséquences de ses actions, bonnes ou mauvaises. Les doctrines libérales émergentes vers la fin du XVIIIe siècle et le début du XIXe siècle insistent sur l'importance du mérite et du travail, contre les privilèges et l'arbitraire, contre le mercantilisme ou contre le capitalisme oligarchique du clergé et de la noblesse.

Le libéralisme économique, défendu par les libéraux classiques, soutient l'initiative privée, le libre-échange et son corollaire, l'économie de marché. Dans ce sens il est congruent avec le capitalisme mais il peut aussi être considéré comme opposé au capitalisme en raison des logiques de concentration et d'accumulation. Sur le plan social et politique, le libéralisme classique veut limiter les obligations imposées par le pouvoir au profit du libre choix et de l'intérêt de chaque individu. Il prône des pouvoirs politiques encadrés par une loi générale librement débattue et défend un Etat de droit et des contre-pouvoirs.

Ainsi, le libéralisme peut se manifester paradoxalement de façons diverses, voire opposées. Le penseur libéral peut être celui qui exige de l'Etat qu'il garantisse la liberté de l'individu ou celui qui défend le respect d'une tradition. Sur le plan économique certains libéraux souhaitent que l'Etat intervienne dans certains domaines (en luttant contre un monopole par exemple ou en luttant contre la pauvreté) quand d'autres s'opposent à l'intervention du pouvoir en tous lieux et tous moments. Les limites à fixer à l'action de l'Etat, ainsi que les modalités de l'action publique sont donc sujettes à débat au sein même du courant libéral.

Le capitalisme peut être défini par deux caractéristiques principales : la propriété privée des moyens de production et une dynamique fondée sur l'accumulation de biens et de marchandises guidée par la recherche d'un profit. Les économistes, les sociologues et les historiens ont adopté des points de vue différents dans leurs analyses du capitalisme et ont reconnu diverses formes dans la pratique. Les différentes formes de capitalisme présentent des degrés variables de libre marché, de propriété privée, de concurrence et d'implication de l'Etat dans les politiques sociales. Le système capitaliste a connu un grand développement depuis la révolution industrielle et il est actuellement le système économique et politique majoritaire dans le monde.

Le capitalisme s'est développé à partir du XVIe siècle en Europe. Avant la révolution industrielle, il était principalement lié aux commerces nationaux. L'amélioration des sciences et des techniques économiques après la Renaissance a permis l'industrialisation dans une grande partie du monde. Les révolutions de la fin du XVIIIe siècle posent un cadre juridique nouveau permettant la croissance du capitalisme avec notamment l'apparition de la propriété foncière, du marché du travail et la propriété intellectuelle. Toutefois le capitalisme prendra son véritable essor avec la révolution industrielle. L'arrivée de machines entraîne pour la population paysanne la création de nouveaux emplois dans les cités et une augmentation considérable de la taille des villes. Au cours de l'histoire, le capitalisme et l'économie de marché vont prendre des formes différentes en fonction des contextes nationaux.

Le capitalisme dit rhénan, qui se pratique surtout en Allemagne et au Japon, valorise la réussite collective, le consensus et le souci du long terme. C'est un système caractérisé par le poids majeur des banques et l'influence importante de syndicats patronaux et ouvriers importants. Le capitalisme anglo-saxon est quant à lui fondé sur la réussite individuelle et le profit financier à court terme. L'actionnariat individuel mais surtout collectif (fonds d'investissements et fonds de pension) y occupe une place déterminante. Au XXIe siècle le capitalisme se développe encore plus avec le phénomène de la mondialisation qui permet un échange facile et rapide des capitaux et des marchandises.

Les biens ou les finances qui forment le capital peuvent appartenir à des personnes physiques ou à des entreprises privées. Les rôles de détenteur de capitaux, de créateur d'entreprise, d'apporteur de travail et de consommateur sont théoriquement dissociés et chacun cherche à satisfaire ses propres objectifs. Cependant, un même individu peut jouer simultanément ou successivement plusieurs de ces rôles en plus de celui de consommateur. Dans un système capitaliste, l'Etat se trouve en principe dans la même situation qu'un capitaliste ordinaire dont le but est de tirer le meilleur avantage possible de son capital. Mais les impératifs et les méthodes de gestion publique peuvent l'emporter sur les seules exigences économiques, car le risque de faillite est couvert par les contribuables. De plus, la production intensive, la recherche de profits rapides, la société de consommation sans limites confronte le capitalisme aux défis écologiques et à des ressources naturelles limitées.

L'étude du fonctionnement des marchés à l'intérieur des systèmes capitalistes montre que la concurrence pure et parfaite est loin d'être idéale. En pratique le bon fonctionnement des marchés nécessite une règlementation et un contrôle afin d'éviter les positions dominantes, les malversations et les conflits d'intérêts potentiels. Le capitalisme est dépendant du système politique et législatif mis en place. Il nécessite une protection juridique des acteurs économiques et des organes législatifs pour faire respecter ces règles. Tout le monde admet que seul l'Etat peut jouer ce rôle. Néanmoins, le capitalisme fonctionne largement sur la base du contrat et souvent avec des tribunaux d'arbitrage privés, car les entreprises préfèrent souvent un accord formel plutôt qu'une justice jugée trop lente et peu efficace.

Selon certains analystes financiers, le système économique mondial a subi une dérive financière qui l'a éloigné du capitalisme originel. La financiarisation extrême a conduit à une économie d'endettement généralisé, s'éloignant d'une éthique et où les risques sont principalement assurés par ceux qui fournissent un capital stable. Pour d'autres en revanche, la spéculation financière est inhérente au capitalisme et la grande place accordée à la finance dérégulée fut un des leviers du capitalisme pour maintenir un taux de profit croissant en dépit du ralentissement de la croissance depuis la fin des années 1970. La critique du capitalisme repose sur l'idée d'un emballement de la production industrielle et commerciale et d'une consommation considérée comme une addiction individuelle. Ce phénomène provoque chez de nombreux agents économiques des symptômes de manque, de sevrage et la poursuite d'activités malgré leurs conséquences néfastes. De la même façon que les drogues, les offres marketing et de consommations inhérentes au capitalisme agissent sur les circuits neurologiques du plaisir afin de susciter de nouveaux désirs.

Pour certains le modèle capitaliste est en guerre contre la vie sur Terre. Plus que d'un problème d'émissions de gaz à effet de serre, c'est le mode de vie occidental qui risque de mener l'humanité à sa perte. La crise climatique ne peut être résolue dans un système néolibéral et capitaliste prônant le laisser-faire qui encourage la consommation démesurée.

Communisme et Anarchisme

Difficile d'expliquer en quelques lignes simples et claires le communisme et l'anarchisme. Beaucoup d'auteurs et historiens s'y sont déjà essayés et je n'aurai pas la prétention de les contredire. Il me faut donc extraire de tous les ouvrages que j'ai lus quelques idées principales et majeures.

Le vocable communisme est polysémique et, de par son histoire, associé à un vaste ensemble de notions. A l'origine le mot désigne une forme théorique de société égalitaire. Ensuite, et par extension, il désigne un grand nombre de réalités concrètes englobant un ensemble de pratiques politiques et de formations politiques partageant les mêmes références idéologiques. Le communisme est initialement un ensemble de doctrines politiques, issues du socialisme et pour la plupart du marxisme, s'opposant au capitalisme et visant à l'instauration d'une société sans classes sociales, sans salariat et souhaitant une mise en commun des moyens de production. Dans son sens d'origine, le communisme est une forme d'organisation sociale sans classes, sans Etat, sans monnaie et où les biens matériels seraient partagés entre tous de façon équitable.

On trouve des ancêtres lointains et indirects au communisme et au socialisme dans la pensée antique, notamment chez Platon qui imagine dans "La République" une cité idéale divisée en trois classes sociales dont les dirigeants mettraient leurs biens en commun. Toutefois, il ne s'agit pas d'une société égalitaire, car seule l'élite de la cité est concernée par cette mise en commun des biens. Le concept de partage des biens est également présent dans la pensée chrétienne, particulièrement à l'époque de la Renaissance. Par exemple, le pasteur allemand Thomas Münzer (1489-1525) milite pour la constitution de "communautés de saints" où tout serait partagé. Durant les siècles suivants, l'idée d'une société égalitariste, basée sur le partage des biens, constitue un élément essentiel du courant de pensée utopiste. Ainsi le philosophe anglais Thomas More (1478-1535) considère la propriété privée comme une source d'injustice. En France certains voient dans la Révolution les prémisses de divers éléments du socialisme et du communisme. Au sein du mouvement socialiste, le terme communiste tend à désigner durant les années 1840 un ensemble de tendances radicales, c'est-à-dire celles qui ne comptent pas sur la bonne volonté des classes dominantes pour changer la société et améliorer le sort des ouvriers. Le marxisme acquiert durant le dernier quart du XIXe siècle une position dominante au sein du socialisme européen, bien que son degré d'influence soit inégal et divers selon les pays. A la fin du XIXe siècle, le socialisme évolue sensiblement vers le réformisme tandis que la pensée communiste acquiert une certaine autonomie.

Dans son acceptation par la théorie marxiste, que Lénine reprendra à son compte, le communisme est considéré comme le dernier stade d'un processus historique sous-tendu par la lutte des classes et qui se terminera par la disparition du capitalisme et des classes sociales. Une 1re phase, nécessairement révolutionnaire et probablement violente, aboutira à la mise en place d'une dictature du prolétariat, une expression lancée par Auguste Blanqui (1805-1881), que Karl Marx (1818-1883) conçoit comme une période transitoire destinée à détruire le pouvoir de la bourgeoisie. Sur le plan économique, cela se traduira par la suppression de la propriété privée et la mise en commun des moyens de production. La tendance du socialisme qui prendra par la suite le nom de communisme se distingue par son mode de fonctionnement interne et par le processus de la prise du pouvoir, notamment dans le contexte particulier de la Russie impériale. Lénine (1870-1924) se heurte en Russie à un double problème. Outre le caractère absolutiste du régime, le pays est dépourvu d'un système capitaliste et d'une bourgeoisie suffisamment développée. Il théorise donc pour le parti un rôle central, car il considère que c'est au parti de susciter la lutte des classes mais aussi d'assumer un rôle d'avant-garde du mouvement ouvrier. Le Maoïsme naît d'une adaptation du marxisme-léninisme aux réalités chinoises. L'anarchisme en revanche demeure un courant important au sein du communisme, et les anarchistes continuent à se revendiquer de leurs propres conceptions du communisme qu'ils présentent comme le seul communisme authentique, en opposition totale avec les conceptions de Lénine.

Au cours des années 1920 et 1930 des partis communistes apparaissent sur tous les continents. Les dimensions des partis communistes sont très inégales selon les pays et à l'échelle internationale la mouvance communiste est parcourue de divisions. Après 1945 les partis communistes gagnent, grâce notamment aux combats antifascistes, de nombreux militants et sympathisants. En outre, la méconnaissance, surtout dans les milieux ouvriers et la petite bourgeoisie, des réalités soviétiques permet alors à l'économie planifiée d'apparaître à beaucoup comme une alternative souhaitable face aux incertitudes de l'économie de marché, surtout après la crise financière et économique des années 1930, conséquence du krach boursier de 1929. Le communisme apparaît donc comme une alternative crédible au capitalisme. Toutefois, le communisme soviétique va finir par s'effondrer au début des années 1980, même si le communisme continue d'exister en tant que courant politique et idéologique.

Le concept de société communiste est critiqué dès le XIXe siècle par de nombreux intellectuels mais aussi à l'intérieur des partis politiques socialistes et anarchistes. Le prêtre et théologien français Félicité de La Menais (1782-1854) dénonce le communisme, car il y voit un "*retour à l'esclavage*" (sic !) et au "*travail forcé rétribué au gré de l'Etat qui impose''*. Pierre-Joseph Proudhon, un des théoriciens du socialisme libertaire, voit dans le projet communiste un système qui débouchera sur une ''*dictature partout*''. Le philosophe allemand Max Stirner (1806-1856), qui fut l'un des théoriciens de l'anarchisme individuel, écrit que ''*en abolissant la propriété individuelle le communisme ne fait que me rejeter plus profondément sous la dépendance d'autrui, autrui s'appelant désormais la généralité ou la communauté*''. Mikhaïl Bakounine (1814-1876), philosophe et révolutionnaire russe, estime pour sa part que ''*l'Etat despotique, mis en place par le communisme, fera naître une classe exploitante et privilégiée : la bureaucratie*''. Enfin, l'homme politique français Yves Guyot (1843-1928) qualifie le principe du collectivisme de ''*tyrannique*'' et juge que le communisme en rejetant la propriété privée contredit la Déclaration des droits de l'homme et du citoyen de 1789 qui compte la propriété parmi les droits naturels et imprescriptibles humains.

Les régimes communistes se voient également reproché l'échec de leurs économies planifiées qui n'ont jamais réussi à résoudre leurs dysfonctionnements internes et à résorber les inégalités sociales. De plus, une distinction est couramment faite entre l'idéal communiste, supposé généreux, et la réalité politique concrète qui s'en est réclamée.

L'anarchisme regroupe plusieurs courants de pensée et de philosophie politique apparus depuis le XIXe siècle dans le cadre de pratique antiautoritaire basée sur la démocratie directe et prônant la liberté individuelle comme valeur fondamentale. L'anarchisme, à la différence de l'anomie, ne défend pas l'absence de lois mais milite pour que les lois émanent directement du peuple, qu'elles soient votées par lui et que leur application soit faite sous le contrôle de ce dernier. L'anarchisme a pour but de développer une société sans domination d'un individu ou d'un groupe sur d'autres individus ou groupes. Il prône la coopération et une dynamique d'autogestion. Le terme anarchisme et ses dérivés sont parfois employés de façon péjorative ou comme synonymes de désordre social. Cependant cette organisation sociale s'appuie sur la liberté politique basée autour du mandat impératif, de l'autogestion, du fédéralisme intégral et de la démocratie directe. L'anarchie est donc organisée et structurée, c'est en quelque sorte l'ordre mais sans le pouvoir.

Les premières expressions libertaires, un autre nom du courant anarchiste, peuvent être trouvées dans les religions taoïstes et bouddhistes. Puis plusieurs idées et tendances libertaires émergent dans les utopies françaises et anglaises de la Renaissance jusqu'au siècle des Lumières. Ainsi durant la Révolution française de 1789 le mouvement des 'Enragés' s'oppose au principe jacobin du pouvoir central de l'Etat et propose une forme de communisme primitif. Certains penseurs américains, comme par exemple Henry David Thoreau (1817-1862) ou Ralph Waldo Emerson (1803-1882), préfigurent l'anarchisme de la contre-culture, de l'écologie ou de la désobéissance civile. En France, Pierre-Joseph Proudhon est le premier intellectuel à se réclamer ouvertement en 1840 d'une forme d'anarchisme collaboratif.

L'objectif principal des anarchistes est d'établir un ordre social sans dirigeants ni dirigés. Un ordre fondé sur la coopération volontaire d'hommes libres et conscients qui auraient pour but un double épanouissement, celui de la société et de l'individu. La pensée anarchiste s'oppose par conséquent à toutes les formes d'organisation sociale et politique qui oppriment les individus, les asservissent, les exploitent au profit d'un petit nombre et les empêchent de réaliser toutes leurs potentialités. Opposé à tout credo, l'anarchiste prône l'autonomie de la conscience morale par-delà le Bien et le Mal. L'anarchiste se veut libre de penser par lui-même et se croit autorisé à exprimer librement ses idées. La seule manière de se passer des pouvoirs hiérarchiques est de ne pas s'installer des pouvoirs coercitifs. A cette fin l'anarchisme préconise l'auto-organisation des individus dans un système fédéral. De ce fait les lois deviendraient inutiles, car la protection de la propriété perdrait son sens. La répartition des richesses produites serait assumée et assurée par un usage rationnel de la "prise sur le tas" entendu dans un contexte économique d'abondance et du rationnement des biens les plus rares.

L'échec des quelques expériences anarchistes serait dû, selon les anarchistes, à plusieurs facteurs externes ou internes au mouvement anarchiste lui-même, à la situation politique internationale défavorable, au trop faible soutien populaire, à la répression policière et judiciaire, aux contraintes géopolitiques des guerres, etc. Ces expériences parviennent toutefois à réaliser de nombreux principes anarchistes en particulier en matière d'éducation libre, de collectivisation des terres et des usines, de liberté publique, etc. Toutefois, une société totalement et entièrement anarchiste est impossible dans la pratique. La réponse anarchiste qui réunit un pouvoir sans limitation exercé par le peuple est fondamentalement instable, car le débat permanent de tous sur toutes les questions empêche de choisir et d'orienter les politiques publiques à une grande échelle.

Monarchie et Démocratie

Le terme de monarchie nous vient par association des mots grecs 'mono' (seul) et 'arkhe' (pouvoir). C'est donc un régime politique ou l'unité et l'exercice du pouvoir est assuré par une seule personne, appelée monarque. Une monarchie n'est pas nécessairement une royauté, ni nécessairement héréditaire. Ainsi une papauté, un duché ou grand-duché, un califat, un émirat, un sultanat sont des types différents de monarchie portant un nom différent mais ayant pour point commun l'exercice solitaire du pouvoir. De même, l'histoire nous montre qu'il a existé des monarchies absolues, électives, parlementaires ou constitutionnelles.

La monarchie est absolue lorsque le monarque détient tous les pouvoirs. La personne du roi regroupe les trois pouvoirs de l'Etat : législatif, exécutif et judiciaire. Il dirige le pays avec certains ministres, qu'il désigne selon son bon vouloir, rend la justice et édicte tous les textes législatifs. Le qualificatif d'absolutisme apparaît quand le pouvoir royal s'oppose aux seigneurs et tend à tout diriger et exécuter. Ainsi l'absolutisme est lié aux périodes de centralisation politique et militaire caractérisées par la consolidation de la souveraineté territoriale des Etats. Cependant, l'absolutisme relève davantage de la pratique du pouvoir que d'une doctrine politique. Toutefois, une monarchie dite absolue est généralement limitée dans les faits par un ensemble de traditions et de coutumes, plus ou moins codifiées, tandis qu'un despote ou un tyran n'est limité par aucun pouvoir supérieur.

Dans une monarchie de droit divin, le pouvoir est légitimé par un lien spirituel qu'entretiendrait le détenteur du pouvoir avec la ou les divinités. Chez les anciens germains le pouvoir royal était considéré d'essence divine par le rattachement de la dynastie régnante au dieu Odin. Le royaume de France était également une monarchie de droit divin. Actuellement il existe encore de nombreuses monarchies de droit divin, comme par exemple le Royaume-Uni où la reine est également cheffe de l'Église anglicane. La pensée chrétienne offre la vision du roi comme un intermédiaire entre Dieu et ses sujets, entre le ciel et la terre. Se fondant sur une lecture de la patristique, la monarchie trouvait sa justification dans le fait que, de la même manière qu'un seul régnait dans les cieux, il était juste qu'un seul règne sur terre. Le roi de France, en raison du baptême de Clovis 1er, est considéré comme le premier souverain de la chrétienté. Au Moyen-âge on prêtait à celui-ci des pouvoirs de guérisons miraculeuses. Fait unique parmi les monarques chrétiens, le roi de France était oint par un représentant officiel de l'Eglise catholique.

Une monarchie est dite constitutionnelle lorsque les pouvoirs du monarque sont définis par une Constitution écrite fixant les lois fondamentales et prévoyant une séparation des pouvoirs. Une monarchie constitutionnelle est donc un régime politique qui reconnait le monarque, élu ou héréditaire, comme chef de l'Etat mais où une loi fondamentale limite et encadre ses pouvoirs. Les monarchies constitutionnelles modernes sont le plus souvent des monarchies parlementaires avec un système de séparation des pouvoirs. Le monarque n'est en règle générale que le chef symbolique du pouvoir exécutif, car ce pouvoir est en pratique dévolu à un Premier ministre et un gouvernement nommé par le monarque qui prend en compte le résultat des élections législatives. Le monarque, indépendant des partis politiques, dispose de prérogatives lui permettant d'exercer son rôle éminemment symbolique en tant que garant de la Constitution, de la démocratie, de l'unité nationale et de l'intégrité territoriale du pays. Toutefois, dans certains pays, il peut également disposer d'un droit de regard, de conseil et d'avertissement sur la politique menée par le gouvernement, présider les séances du conseil des ministres et être un arbitre en cas de crises politiques. Dans une monarchie constitutionnelle, et souvent dans les autres types de monarchie, la fonction de chef de l'Etat se transmet au sein d'une famille royale ou impériale.

En ce sens un système monarchique n'est pas fondamentalement démocratique parce qu'un homme, une femme ou une famille unique est traité différemment de tous les autres citoyens. Pourquoi doit-il en être ainsi et quelle est la justification d'une telle différenciation entre un être humain et tous les autres dans une même société ? L'histoire, les coutumes et les traditions ? Sans doute, mais une démocratie moderne suppose une égalité formelle de tous les individus.

Oligarchie, Aristocratie, Ploutocratie et Technocratie

Une oligarchie, le mot nous vient du grec ancien "oligos" (petit, peu nombreux) et "arkho" (commander), est une forme de gouvernement où le pouvoir est détenu par un petit groupe de personnes formant une classe dominante. L'oligarchie peut revêtir plusieurs formes selon qu'elle est constituée par les meilleurs (appelée aristocratie), par les plus riches (ploutocratie), par les scientifiques et les techniciens (technocratie), par les personnes âgées (gérontocraties) ou par ceux qui bénéficient de la force ou de toute autre forme de pouvoir de fait. Quant au qualificatif "d'oligarque", il a trouvé un regain de faveur pour désigner dans le monde contemporain les hommes d'affaires riches et influents, ainsi que les intellectuels ayant des liens étroits avec le pouvoir politique.

On peut rapprocher ou distinguer l'aristocratie de l'oligarchie, car les deux notions et définitions se recouvrent en grande partie, mais elles sont néanmoins légèrement différentes. En effet, l'oligarchie ne présuppose pas qu'il s'agit d'une élite autoproclamée tandis que l'aristocratie ne présuppose pas une minorité bien définie. Cependant, les concepts restent proches et la confusion s'explique aussi par le fait que les puissants sont préjugés former une élite. Souvent venue de la féodalité, l'aristocratie a souvent évoluée vers la monarchie. Dans la Grèce antique, l'aristocratie commence à se développer au VIIIe siècle av. J.C. en remplaçant peu à peu les monarchies en place. Pour Platon les aristocrates, ces honnêtes citoyens, s'imposent de fait comme les plus aptes à diriger la société pour la mener vers de bénéfiques horizons.

Durant l'antiquité romaine, les patriciens forment la classe aristocratique. Se présentant comme les descendants des compagnons de Romulus ils disposent seuls de pouvoirs sacrés, comme prendre des augures, ou accéder aux sacerdoces. Membres du Sénat, puis seuls éligibles aux magistratures dans les premiers siècles de la République romaine, ils monopolisent un pouvoir que leur disputent les plébéiens à partir du Vème siècle av. J.C. Petit à petit, l'aristocratie romaine évolue et n'est plus fondée uniquement sur l'ascendance et l'héritage, mais aussi sur la richesse foncière et le succès électoral. De plus, la conquête romaine chercha l'entente avec les élites locales ou des Etats passant sous la domination ou le protectorat de Rome. L'aristocratie romaine est donc plus fragmentée, diverse et complexe que l'on pourrait le croire de prime abord.

C'est ainsi qu'en France sous l'Ancien Régime on ne parle pas d'aristocratie mais de nobles et de gentilshommes. La noblesse constitue avec le souverain et le clergé la classe des propriétaires. Le galvaudage du vocable aristocratie se diffuse et se systématise à la fin du XVIIIe siècle. Il consiste à désigner, comme le fait Beaumarchais, dans une perspective péjorative, les partisans de la noblesse, puis lors des actions révolutionnaires les adeptes de l'Ancien Régime. En fait, l'abolition (formelle et théorique !) des privilèges conduit à distinguer "le patriote" qui respecte cette abolition et "l'aristocrate" qui continue à revendiquer des privilèges. Dans ce sens l'aristocrate peut être non seulement un noble mais aussi une corporation, une ville revendiquant des droits particuliers, l'Eglise, etc. Les particuliers et les collectifs qui refusent l'application des nouvelles lois sont donc des aristocrates, alors que les nobles qui les respectent sont des patriotes. Cette déviance linguistique se confirmera au XIXème siècle.

Par extension sémantique la ploutocratie se dit d'un régime politique où les plus riches sont au pouvoir. Cette dégénérescence du régime oligarchique choisit les responsables politiques sur le seul critère de leur richesse personnelle. Aujourd'hui ce terme est utilisé pour dénoncer les dérives des systèmes représentatifs où les groupes de pression influencent fortement les textes de loi. On assiste dans les sociétés modernes à une concentration croissante du pouvoir décisionnel par une élite restreinte de dirigeants politiques, de grands chefs d'entreprises, d'acteurs financiers, de journalistes influents, etc. Tous ceux-ci constituent en effet une caste de plus en plus puissante dont les membres délibèrent entre eux et dans de petits cercles fermés de décisions s'appliquant à l'ensemble de la population. Cela favorise une collusion croissante entre les représentants politiques et les élites économiques et financières afin de satisfaire des intérêts privés convergents au détriment du "bien commun".

La technocratie, quant à elle, est une forme de gouvernement où la place des experts techniques et de leurs méthodes est centrale dans les prises de décision. Parmi les traits caractéristiques et récurrents de cette notion, on trouve la mise en avant de la compétence et des méthodes du technicien et du scientifique, identifiés aux idées de rigueur et de rationalité. A l'intérieur d'une technocratie, les compétences techniques et de commandement sont davantage sélectionnées par des processus bureaucratiques et méritocratiques basés sur le savoir et la performance que par des procédures électives et démocratiques. Les modèles de sociétés technocratiques dans lesquelles les experts, guidés par des théories scientifiques de la production et qui sont directement au pouvoir, n'ont jamais été véritablement appliqués. En revanche, la science et la technologie prenant une part de plus en plus importante dans les sociétés modernes, il existe forcément des articulations et des rapports de force, tacites ou non, entre les experts et les politiques. En effet, les décisions politiques ont en conséquence tendance à graviter autour des élites scientifiques et techniques.

Les oligarchies sont donc des systèmes politiques complexes, avec souvent plusieurs cercles de pouvoir de plus en plus concentrés, des spécialisations selon le domaine d'intervention et un exercice du pouvoir souvent discret et peu collégial. On y trouve généralement des familles dominantes, pour qui la position politique est un élément de patrimoine transmis aux enfants, et dont l'éducation est organisée dans cette perspective. On peut y trouver, ou non, des systèmes de caste. Mais même dans un système électif il se crée une classe regroupant les personnes qui connaissent les mécanismes de fonctionnement de l'Etat et qui exerce un contrôle sur celui-ci. Ce phénomène n'est pas nouveau, car Aristote a écrit : « *Il est démocratique que les magistratures soient attribuées par le sort, et oligarchique qu'elles soient électives* ».

TROISIEME CHAPITRE : L'ORGANISATION DE L'ETAT FRANÇAIS

Après avoir examiné et détaillé, dans les deux premiers chapitres, les grandes notions théoriques et les différents systèmes politiques, il me paraît important de décrire comment la République française est aujourd'hui organisée. Si l'on souhaite améliorer le fonctionnement de nos institutions, il est indispensable de les connaître, d'en cerner les limites et les dysfonctionnements et savoir ce que l'on peut en garder de bénéfique.

La Constitution

Une Constitution est un texte fondamental fixant et détaillant l'organisation et le fonctionnement d'un Etat ou d'un ensemble d'Etats. C'est un acte juridique, le plus souvent concrétisé par un ou plusieurs documents écrits. Cet acte se situe au moment de la hiérarchie des normes juridiques et tout autre acte juridique doit être conforme à ses prescriptions. C'est donc une loi fondamentale qui légitimise toutes les autres lois adoptées par la suite. La Constitution protège, en théorie, les droits et les libertés des citoyens contre les abus potentiels des divers pouvoirs exécutifs, législatifs et judiciaires. Cette place au sommet de la hiérarchie des normes résulte du fait que la Constitution s'impose à tous les organes de l'Etat et à la société.

Les Constitutions écrites représentent la majorité des constitutions modernes. Jusqu'à la fin du XVIIIe siècle l'organisation politique des Etats était régie presque entièrement par la coutume, notamment dans les Etats monarchiques avec les règles de succession du monarque. La forme coutumière a progressivement disparu en même temps que la monarchie absolue. Les XVIIIe et XIXe siècles correspondent à des époques de rénovation politique et par conséquent de modernisation constitutionnelle. Une Constitution coutumière présente trois inconvénients majeurs par rapport à une constitution écrite : elle n'est pas réfléchie et interrogée, elle est imprécise, peu détaillée et elle n'est pas démocratique. Actuellement seul le Royaume-Uni est resté fidèle à une constitution coutumière parmi les pays occidentaux.

En France, sous l'Ancien Régime, il existait les lois fondamentales du royaume qui étaient en fait un ensemble de principes coutumiers relatifs à la dévolution, à l'étendue et à l'organisation des pouvoirs. En 1789, l'Assemblée nationale a entrepris de mettre par écrit celles-ci et de rajouter de nouvelles dispositions en commençant par la Déclaration des droits de l'homme et du citoyen. Parmi tous les révolutionnaires, l'abbé Sieyès (Emmanuel-Joseph Sieyès, 1748-1836) est celui qui travaillera principalement sur la rédaction de la première Constitution française. L'idée majeure et principielle de Sieyès est que tous les citoyens ont le droit de régler leur sort commun. Conséquemment et sans mandat précis les législateurs ne doivent pas toucher à ce grand outil de l'Etat que l'on nomme la Constitution.

L'histoire constitutionnelle de la France est faite de nombreux changements ayant conduit notre pays à expérimenter, sous des noms divers, un grand nombre de régimes politiques depuis la Révolution de 1789. Allant du régime d'assemblée (Convention) à la dictature réactionnaire (Second Empire et Régime de Vichy) la France a connu les deux systèmes les plus opposés possibles. Ce fut un perpétuel tâtonnement, empirique au début mais plus raisonné au XXe siècle. Une synthèse est finalement obtenue avec la troisième République (1870-1940). Nous sommes toujours confrontés aujourd'hui à la difficulté de concilier démocratie, suffrage universel, stabilité du pouvoir exécutif et séparation des pouvoirs.

La Constitution de la cinquième République est le régime politique en vigueur en France depuis le 4 octobre 1958. La crise politique de mai 1958 déclenchée par le putsch d'Alger, menée par une fraction de l'armée, conduit le Président de la République René Coty à appeler le Général de Gaulle afin de résoudre cette crise. Nommé Président du Conseil (l'ancienne appellation du poste de Premier ministre) le 1er juin 1958 il obtient deux jours plus tard l'autorisation du Parlement pour élaborer la rédaction d'une nouvelle Constitution. Elle est rédigée en pleine guerre d'Algérie dans le but de mettre un terme à l'instabilité gouvernementale et contrer le risque d'un coup d'Etat militaire. Dès le 4 juin 1958, de Gaulle forme un comité informel d'à peine quelques personnes chargé de rédiger une ébauche de Constitution. On distingue trois étapes successives dans ce processus. La première est l'élaboration d'un avant-projet rédigé par un comité composé de hauts fonctionnaires et d'hommes politiques. La seconde étape est l'intervention d'un comité consultatif, formé par quelques parlementaires, qui propose quelques changements mineurs. Enfin, la dernière étape consiste dans l'examen en août 1958 du texte par le Conseil d'Etat. Le texte définitif issu de ce processus est, le 28 septembre 1958, adopté par les citoyens à une majorité de 79,25 % (abstention de 15,6 %). La nouvelle Constitution est donc promulguée par le Président René Coty le 4 octobre 1958. Tandis que la Constitution de 1946 (quatrième République) avait été préparée par une Assemblée constituante élue à cet effet, la Constitution de 1958 fut rédigée par une équipe réduite placée sous l'autorité du gouvernement. Autrement dit et pour résumer, la France s'est dotée en seulement quatre mois, d'une loi, rédigée en petits comités, aussi fondamentale qu'une Constitution. Et combien d'électeurs ont eu le temps de lire in extenso ce texte avant de voter.

La Constitution de 1958 contient essentiellement des articles organisant les institutions françaises. Les droits fondamentaux, eux, ne sont reconnus qu'indirectement par un renvoi dans le préambule à d'autres textes plus anciens. La Constitution de 1958 accorde un poids institutionnel très fort et important au Président de la République mais ne remet pas en cause le caractère parlementaire du régime. L'élection du Président au suffrage universel direct dès 1962 a fortement élargi le poids politique du chef de l'Etat en donnant naissance à la notion de "majorité présidentielle". Elle marque une rupture par rapport à la tradition parlementaire de la République dans la volonté de renforcer le rôle du pouvoir exécutif. Certains concluent à ce titre au caractère semi-présidentiel des institutions de la cinquième République qui pourtant sur le plan formel établissent un régime parlementaire. Mais c'est surtout dans les rapports pratiques et concrets au sein du pouvoir exécutif que la Constitution de 1958 instaure un système politique à géométrie variable, selon que l'on soit en période de concordance des majorités présidentielles et législatives ou au contraire en période de cohabitation.

La cinquième République accorde un pouvoir plus important au Président de la République que le régime précédent. Selon les concepteurs et les rédacteurs de cette Constitution le Président doit être la clé de voute de notre régime parlementaire, c'est-à-dire un arbitre efficace susceptible d'intervenir pour assurer le bon fonctionnement des pouvoirs publics lorsque la République est menacée. Par ses propres moyens il doit pouvoir dégager les voies de résolution d'un conflit. Cet arbitrage s'inscrit dans le cadre du projet de rationalisation du parlementarisme porté par le ministre de la Justice (Michel Debré, de 1958 à 1959) et le Général de Gaulle. Cependant le fait majoritaire et la conception extensive que les titulaires successifs vont avoir de la fonction de Président modifieront profondément l'équilibre du régime.

Cette élection du Président de la République, couplée avec la primauté donnée à la majorité parlementaire modifie profondément le fonctionnement des institutions. On voit apparaître les notions de "présidentialisation" et de "cohabitation". Le Président de la République bénéficie d'une légitimité démocratique qui peut parfois entrer en concurrence avec la légitimité de l'Assemblée nationale. Le scrutin majoritaire aux élections législatives incite les partis à construire des alliances préélectorales afin d'être représentés à l'Assemblée. Cependant la dissolution possible de celle-ci par le Président renforce la discipline du parti majoritaire et empêche la reconnaissance d'opinions diverses.

La cinquième République est un régime parlementaire doté d'un pouvoir présidentiel fort. Le pouvoir exécutif collabore avec le pouvoir législatif dans le cadre d'un système de séparation souple des pouvoirs. En France, chaque pouvoir dispose sur l'autre d'un moyen de pression. L'Assemblée nationale peut théoriquement renverser le gouvernement et le Président de la République peut dissoudre l'Assemblée nationale et provoquer de nouvelles élections législatives. La majorité des constitutionnalistes considère que la 5ème République est un régime parlementaire ambigu parce que le gouvernement est responsable devant le Parlement, ou plus précisément devant l'Assemblée nationale, tandis que le Président n'exerce qu'une fonction d'arbitrage sans pouvoir révoquer le Premier ministre. Effectivement et formellement le chef de l'Etat ne peut mettre fin aux fonctions du Premier ministre que si celui-ci démissionne. Toutefois, on sait, et l'histoire nous l'a montrée, qu'il suffit au Président de demander oralement à son Premier ministre de présenter la démission de son gouvernement pour que celui-ci s'exécute. Le Président de la République exerce une emprise, plus en faits qu'en droits, sur le gouvernement et le pouvoir administratif.

La Constitution de 1958 instaure un Conseil constitutionnel (CC) chargé de vérifier la conformité des lois avec la Constitution ainsi que la régularité des opérations électorales. Une cour constitutionnelle est un organe qui assure la primauté de la Constitution sur les autres lois. Il convient donc, pour garantir l'Etat de droit, de vérifier la conformité des lois par un contrôle. Le modèle de la cour constitutionnelle se développe au cours du XXème siècle avec une organisation et des contre-pouvoirs d'une grande diversité selon les pays. Ainsi, le contrôle et la vérification des lois peuvent se faire a priori ou a posteriori après le vote au Parlement. Le modèle français de CC diffère de celui employé dans les pays de tradition anglo-saxonne où le contrôle de constitutionnalité se fait par un juge de droit commun.

Le CC est un organe nouveau dans l'histoire et la tradition parlementaire française. En effet, les républiques successives n'ont jamais accepté la création d'organes juridictionnels susceptibles de faire échec aux décisions des assemblées. Cependant le Général de Gaulle avait pour souci d'éviter ce qu'il considérait comme une dérive américaine aboutissant à l'extrême à une forme de "gouvernement des juges" et une privation du droit parlementaire. Le recours au CC était alors restreint aux plus hautes autorités de l'Etat et ses compétences se trouvaient limitées. Au fil des années, le CC a développé une jurisprudence extensive, bénéficiant de fait d'un élargissement de sa saisine. Les constituants de 1958 attendaient du CC qu'il contienne le Parlement dans son domaine législatif. Mais, durant les années 1970 le CC se transforme peu à peu en un juge constitutionnel en outrepassant parfois ce pourquoi il fut créé.

Le CC est composé de neuf membres, nommés pour un mandat de neuf ans et renouvelés par tiers tous les trois ans, auxquels il faut ajouter les anciens Présidents de la République, même si certains ont personnellement décidé de ne pas y siéger. Trois membres sont désignés par le Président de la République, trois autres par le Président du Sénat et les trois derniers par le Président de l'Assemblée nationale. Ils prêtent serment devant le Président de la République. Aucune qualification d'âge ou de profession n'est requise pour être membre du CC. Mais un membre du gouvernement, un membre du

CESE (voir plus loin), un parlementaire ou un titulaire d'un mandat électif ne peut être membre du CC. Pendant la durée (neuf ans) de leur mandat les membres du CC ne peuvent être nommés à un emploi public ni recevoir de promotion s'ils sont fonctionnaire.

Le CC est reconnu par beaucoup de juristes comme étant un progrès pour mieux garantir l'existence de l'Etat de droit en France. Cependant il est critiqué par certains constitutionnalistes, particulièrement dans le cadre du contrôle de constitutionnalité des lois qu'il est chargé d'effectuer. Contrairement à d'autres tribunaux compétents en cette matière le CC ne se situe au sommet d'aucune hiérarchie de tribunaux, ni judiciaires, ni administratifs. Le CC a donc une grande autorité sur l'ensemble des institutions françaises. En effet, les décisions du CC s'imposent à toutes les autorités administratives et juridictionnelles mais elles sont néanmoins susceptibles de recours. Le CC est une exception européenne, car les autres pays ont des cours constitutionnelles dont l'impartialité est moins sujette à caution qu'en France. De plus, aucune compétence juridique des membres du CC n'est requise. Même si la quasi-totalité des juges constitutionnels français actuels ont des connaissances juridiques, rien n'empêche dans les textes qu'une personnalité ignorante des lois devienne membre du CC. Le problème de l'impartialité des juges se pose puisqu'ils sont nommés par des pouvoirs politiques. Et les personnalités du CC sont souvent nommées à la suite d'une carrière politique notoire, sans doute en remerciement des services rendus. En témoignent les derniers exemples comme Laurent Fabius, Alain Juppé, Jean-Louis Debré, Roland Dumas, Robert Badinter, etc.

Le Parlement et les Assemblées

Le parlement français est la principale institution du pouvoir législatif. Le parlement, au sens moderne du terme, est apparu en France avec la Révolution de 1789. Sa forme et son organisation (monocamérale, bicamérale ou multicamérale), son nom et ses attributions, définis par les diverses constitutions, ont pris des contours très différents suivant les régimes. Avant 1962, le parlement était le détenteur unique de la souveraineté populaire. Depuis cette date, le pouvoir est partagé entre le parlement et le chef de l'Etat. Puissant sous les 3ème et 4ème Républiques, le parlement a vu son pouvoir diminuer durant la cinquième République actuelle. Cependant la montée en puissance des pouvoirs et des institutions européennes tend à limiter son influence, car environ 70 % de son temps est consacré à la mise en œuvre et à l'adaptation du droit européen. Le parlement français est composé par trois chambres : l'Assemblée nationale (AN), le Sénat et le Conseil Economique Social et Environnemental (CESE). Examinons succinctement ces trois assemblées.

Le rôle de l'AN, comme celui du Sénat par ailleurs, est de débattre, d'amender, de proposer et de voter les lois. Il doit, ou peut plus précisément, contrôler l'action du gouvernement. L'histoire de la représentation nationale depuis deux siècles est étroitement liée à celle du principe démocratique et du chemin accidenté qu'elle a dû parcourir dans les institutions françaises avant de trouver la consécration qui est la sienne aujourd'hui. Si les Français ont périodiquement élu des représentants depuis 1789, le mode de désignation et les pouvoirs de ces mandataires ont considérablement varié selon les époques. Les périodes d'effacement de l'institution parlementaire coïncident généralement avec un recul des libertés publiques. A cet égard, les dénominations ne sont pas innocentes. Ainsi la dénomination 'Assemblée nationale' nait en 1789, disparait en 1791 mais ne réapparait qu'en 1946.

Depuis 1958, le nombre de députés a varié entre 482 et 579. Il est fixé depuis 1986 à 577 et ce nombre est fixé par la Constitution. Les conditions d'éligibilité pour être député sont définies par le Code Electoral. Citons-en quelques-unes : être de nationalité française, avoir satisfait à ses obligations militaires et être âgé d'au minimum de 18 ans. Le mandat de député est incompatible avec certaines professions (militaire par exemple) et avec d'autres mandats (sénateur, conseiller régional ou départemental, maire d'une grande ville, membre du gouvernement, etc.). Les députés sont élus au suffrage direct uninominal majoritaire à deux tours. Chaque département est découpé en circonscriptions qui comptent en moyenne 105 600 habitants. La loi précise que les écarts de population entre les circonscriptions ne doivent en aucun cas aboutir à ce qu'une circonscription ne dépasse pas de plus de 20% la population moyenne. Chaque candidat se présente avec un suppléant qui prend sa place en cas de décès ou d'incompatibilité de fonction. Le président de l'AN est élu par ses pairs et possède d'importantes prérogatives constitutionnelles : il nomme trois membres du Conseil Constitutionnel, deux membres du Conseil Supérieur de la Magistrature, d'autres personnalités dans diverses institutions et il perçoit une indemnité d'environ 21 000 € par mois. Chaque groupe politique désigne, en fonction de son poids numérique, ses représentants au sein du Bureau de l'assemblée et des différentes commissions. Ils reçoivent en plus une subvention financière et disposent de bureaux et de salles pour se réunir. En revanche, les fonctionnaires de l'AN possèdent un statut spécifique et ne dépendant pas de l'Etat, en application du principe de séparation des pouvoirs. Les fonctionnaires sont recrutés par des concours particuliers.

En tant que membre du parlement, l'AN contrôle la politique et l'action du gouvernement. Elle a plus de pouvoir en ce domaine que le Sénat, grâce aux procédures de vote de confiance, de motion de censure et d'engagement du gouvernement sur un texte. Mais, même si elle n'a que très peu de chance d'aboutir, surtout lorsque la majorité est solide et obéissante, la motion de censure est un outil utilisé par l'opposition pour marquer son désaccord avec la politique du gouvernement. Ainsi, depuis 1962 l'existence d'un parti majoritaire à permit au gouvernement de s'appuyer dessus rendant quasiment impossible le vote d'une motion de censure. Le parlement fixe les règles concernant les droits civiques et les libertés publiques, le droit des personnes, le droit pénal, le droit fiscal, etc. Il légifère à propos des juridictions, des magistratures, des impôts, de la monnaie, des régimes électoraux, de la création d'agences et d'établissements publics, du statut des fonctionnaires, des nationalisations, etc. Mais il fixe uniquement les principes généraux et fondamentaux. Toutes les autres dispositions relèvent du domaine règlementaire et administratif, c'est-à-dire du pouvoir exécutif. Cette limitation, inscrite dans la Constitution de 1958, avait pour but de mettre fin à la paralysie parlementaire parfois pratiquée sous la quatrième République. Il appartient au gouvernement de contrôler la compétence législative. Si un élu propose une loi ou un amendement qui n'appartient pas au domaine législatif, le gouvernement oppose l'irrecevabilité. En cas de désaccord, c'est le Conseil Constitutionnel qui tranche.

Un des objectifs de la Constitution de 1958 était de discipliner la vie parlementaire. Un des moyens fut de réduire la durée des sessions. Le nombre de jours de sessions est limité à 120 jours par an, mais le Premier ministre peut décider de la tenue de jours supplémentaires s'il l'estime nécessaire pour faire voter des lois. La discipline des débats est très sévère pour les parlementaires. Pour prendre la parole, l'élu doit s'inscrire au préalable auprès du président, attendre son tour de parole et respecter le temps qui lui a été imparti. En cas de non-respect de ces obligations, le député risque d'être sanctionné. Seuls les présidents de commission, les rapporteurs des lois et les membres du gouvernement peuvent intervenir librement et à tout moment. Ainsi, le gouvernement dispose de moyens de pression pour limiter les débats parlementaires. Malheureusement, il exerce encore trop souvent cette prérogative. De plus, le Président de la République (PR) promulgue les lois. Il peut demander au parlement une nouvelle délibération d'une loi ou de certains de ses articles. Cette nouvelle délibération ne peut pas être refusée par le parlement. En revanche, le parlement peut destituer le PR en cas de 'manquement' à ses devoirs, ou s'il agit de façon manifestement incompatible avec l'exercice de son mandat. Le parlement se constitue alors en Haute Cour de Justice. Le parlementaire français jouit également d'une inviolabilité relative afin de le protéger durant l'exercice de son mandat. Il ne peut être arrêté pour un crime ou un délit qu'avec l'autorisation du bureau de l'assemblée compétente, sauf en cas de flagrant délit ou de condamnation définitive par un tribunal. Si l'assemblée le demande, les poursuites judiciaires peuvent être interrompues pour la durée de la session parlementaire.

Le Sénat, du latin 'sénatus' (ancien, vieillard), constitue la deuxième assemblée du parlement français et il détient le pouvoir législatif avec l'AN. L'histoire a donné plusieurs noms à cette assemblée : la Constitution de 1795 (1795-1799) fait naître le Sénat sous le nom de Conseil des Anciens, il devient le Corps Législatif sous le Consulat et l'Empire. La Chambre des Pairs est créée sous la Restauration (1814-1830), avant que le Second Empire (1851-1870) ne rétablisse cette assemblée avec son premier nom de Sénat. Le Sénat est supprimé en 1940 par le régime de Vichy. Le Sénat est donc aujourd'hui une institution de la cinquième République. A ce titre il vote la loi, contrôle l'action du gouvernement et évalue les politiques publiques mais il possède moins de pouvoirs que l'AN, où il existe des procédures spécifiques comme je l'ai évoqué précédemment. Donc, en contrepartie le PR ne peut pas dissoudre le Sénat. A l'opposé de l'AN, l'ordre du jour est fixé par le Sénat. Depuis 1958, le nombre de sénateurs à varié entre 301 et 348. Il est fixé aujourd'hui par la Constitution et depuis 2001 à 348. Les sénateurs sont élus pour un mandat de six ans et les sièges sont renouvelés par moitié tous les trois ans. Ils ont élu dans chaque département par un collège électoral composé par : des députés et des sénateurs, des conseillers régionaux et départementaux, et des délégués de conseils municipaux. L'élection se déroule au scrutin majoritaire à deux tours. L'âge minimum pour être élu sénateur est de 21 ans contre 18 ans pour un député. Le président du Sénat dispose de prérogatives importantes définies par la Constitution. Par exemple, en cas de vacance du PR pour quelque raison que ce soit ou d'empêchement constaté par le Conseil Constitutionnel, les fonctions et les attributions du PR sont provisoirement exercées par le président du Sénat, et si celui-ci est à son tour empêché, c'est le gouvernement qui assure l'intérim. Le président du Sénat nomme trois membres du Conseil Constitutionnel, trois personnalités qualifiées du CSM, deux membres de l'ARCOM, un membre de l'AMF et trois membres du CSA.

La troisième assemblée du parlement français, même si elle beaucoup moins connue que les deux précédentes, est le Conseil Economique Social et Environnemental (CESE). C'est une assemblée constitutionnelle composée de représentants sociaux (patronat, syndicats de salariés, associations) et qui a une fonction consultative, optionnelle et parfois obligatoire dans le cadre du processus législatif. Dans la foulée des lois Waldeck-Rousseau de 1884 et 1901, qui garantissent les libertés syndicales et d'associations, le CESE (anciennement nommé CES) est créé en 1925 par le Président du Conseil, Edouard Herriot. En 1958, la Constitution lui donne de nouvelles attributions et le CESE s'installe au palais d'Iéna, à Paris. En 2021, le nombre de membres est fixé à 175. Le rôle et le fonctionnement du CESE sont définis par les articles 69, 70 et 71 de la Constitution. Il rend un avis sur les projets de lois, d'ordonnances et de décrets ainsi que sur les propositions de lois qui lui sont soumises. Le CESE peut également être consulté par le Premier ministre, les présidents de l'AN et du Sénat sur toute question de caractère économique, social et environnemental. Le CESE peut aussi s'autosaisir ou par 150 000 citoyens qui forment une pétition. Il exerce une fonction essentiellement consultative sans réels pouvoirs de contrôle ou législatifs. Les membres du CESE sont désignés pour 5 ans et ils ne peuvent pas accomplir plus de deux mandats consécutifs. Ils doivent être majeurs et appartenir depuis plus de deux ans à la catégorie qu'ils représentent au sein du CESE. Le CESE employait à la fin de 2018, 146 agents et disposait d'un budget d'environ 41 millions d'euros. Mais la place du CESE auprès des autres institutions reste faible et il est de plus confronté à la concurrence d'autres structures (France Stratégie, Conseil d'Analyse Economique, Haut Conseil de la Vie Associative, etc.) et le nombre de saisines est très modeste (3 en 2013, 2 en 2012 et une seule en 2011). De plus, la Cour des comptes a dénoncé, dans un rapport publié en 2015, de nombreuses irrégularités : inflation des primes et des indemnités, régime de travail privilégié (54 jours de congés payés) et demandait que le budget soit mieux contrôlé.

Au vu de ces éléments, on peut donc se poser légitimement la question du maintien dans les formes actuelles du Sénat et du CESE. Rappelons quelques-uns de ces éléments négatifs et problématiques : chambres de notables, mode de nomination des personnalités, absence de démocratie réelle, contrôles succincts de l'action politique du gouvernement, inutilité des rapports produits, budgets importants de ces assemblées pour un résultat peu efficace, etc.... Il serait sans doute plus utile de remplacer ces deux assemblées par une seule, qui serait chargée d'examiner en amont les projets et les propositions de loi pour émettre un avis sur l'impact social, juridique et environnemental de ceux-ci. Ce serait une assemblée élue démocratiquement avec un mandat assez long pour la dégager des contingences médiatiques et des influences politiques. Il faudrait alors dans le même temps renforcer le pouvoir de l'AN pour contrôler l'action du gouvernement. D'ailleurs, en 1969, le

Président de Gaulle avait déjà proposé aux citoyens de fusionner le Sénat et le CESE, la nouvelle assemblée devant exercer une fonction consultative, mais le référendum fut rejeté par les Français.

Administration et Services Publics

Tout Etat, quel qu'il soit et quelle que soit sa forme juridique, a besoin pour exercer son pouvoir et appliquer une politique d'une administration et de services publics. Un service public est un service organisé dans un but d'intérêt général et qui peut être assuré doit par des personnes morales de droit public, soit par des particuliers, des entreprises privées ou d'autres personnes morales de droit privé placées sous le contrôle des pouvoirs publics. La question des services publics représente un enjeu politique et économique important. En France le secteur public possède un poids certain dans l'économie nationale, tant par le nombre et la diversité des effectifs qu'il emploie, par ses dépenses mais aussi par les prélèvements obligatoires qu'il rend nécessaires. Théorisée par le juriste français Léon Duguit (1859-1928), la notion de service public est un élément essentiel du droit administratif français. Elle s'appuie en France sur une variété importante de statuts. En comptabilisant toutes les administrations financées par l'impôt, on compterait environ 5,6 millions d'agents de la fonction publique. En 2016, l'INSEE recensait 5,6 millions de fonctionnaires : 2,5 millions dans la fonction publique d'Etat, 1,9 million dans la fonction publique territoriale et 1,1 million dans la fonction publique hospitalière. Ces chiffres recensent les fonctionnaires titulaires et les contractuels. Il existe de nombreuses discussions et de controverses liées à la gestion des personnels des services publics. Ces thèmes ont une place importante dans le débat politique français.

La loi détermine les types de service public et en définit les caractères généraux. Toutefois, le pouvoir exécutif est largement exercé par l'administration plus que par le gouvernement. Les fonctions régaliennes correspondent aux fonctions de souveraineté de l'Etat. Elles sont entièrement financées par l'impôt et elles sont assurées par des administrations publiques : la justice, les fonctions de sécurité intérieure (police, sapeurs-pompiers, sécurité civile), la défense nationale, la diplomatie, les finances publiques, l'administration générale et la gestion des infrastructures. De même, le secteur non-marchand regroupe des services, essentiellement gratuits, financés principalement par l'impôt ou les cotisations obligatoires. Ainsi, ces établissements relèvent du droit administratif mais ces services peuvent associer aussi des organismes privés et des associations : enseignement primaire, secondaire et supérieur, santé, aide sociale, culture, sport, loisirs, etc. Enfin, d'autres services publics peuvent aussi être financés par une activité commerciale, mais ils sont plus ou moins réglementés et contrôlés par la puissance publique. Par exemple, les Etablissements Publics d'Intérêt Commercial (EPIC) relèvent à la fois du droit administratif et du droit commercial. On peut citer comme exemples : les services postaux et téléphoniques, la fourniture d'énergie, de l'eau, les transports, les radios, les télévisions, etc.

Souvent critiqués et vilipendés par les libéraux, les services publics français n'ont pourtant pas le poids excessif que ces idéologues voudraient nous faire croire. Parce qu'ils confondent à tort, mais volontairement et à dessein, dépenses publiques et services publics.

L'administration publique française regroupe les services de l'Etat, les collectivités territoriales et les organismes de la Sécurité sociale. Les fonctions principales des administrations sont de produire des services non marchands, de réguler l'économie et d'essayer de redistribuer les richesses produites pour réduire les inégalités. Bien sûr, pour fonctionner et assurer tous ces services, un Etat a besoin de ressources financières et humaines. Plus largement, on utilise le terme de 'prélèvements obligatoires' quand on veut décrire les recettes d'un Etat. Les prélèvements obligatoires correspondent à l'ensemble des versements effectués par les agents économiques au secteur des administrations publiques dès lors que ces versements résultent non d'une décision de l'agent économique qui les acquitte, mais d'un processus collectif et que ces versements sont sans une contrepartie directe et immédiate. Les prélèvements obligatoires regroupent les impôts (directs et indirects), les taxes et les cotisations sociales.

Les idéologues libéraux et néolibéraux décrivent toujours la France comme « *la championne du monde de la pression fiscale* » en prenant comme référence le taux des prélèvements obligatoires par rapport au produit intérieur brut (PIB). Mais comparer ce taux entre différents pays n'est pas pertinent, car les structures sociales et économiques ne pas toujours les mêmes et certains pays ne prennent pas en compte les cotisations sociales dans le calcul du taux des prélèvements obligatoires. De plus, ces mêmes libéraux n'ont de cesse de réclamer la baisse de l'impôt sur le revenu alors que celui-ci ne représente qu'environ 6% du total de ces prélèvements alors que la TVA représente 16% de ces mêmes prélèvements. Tout cela n'a qu'un but :

réduire, ou minimiser au maximum, la place de l'Etat dans la société pour mieux en capter les richesses par la création d'agences privées.

C'est ce que l'appelle la nouvelle gestion publique (NGP) issue d'une doctrine anglo-saxonne et appliquée depuis le début des années 1980, notamment au Royaume-Uni et aux Etats-Unis. Il s'agissait de passer à une société dans laquelle l'Etat donnerait davantage de liberté aux agents économiques par la création d'agences ou d'autorités administratives indépendantes (AAI). L'indépendance des AAI implique d'abord l'absence de toute tutelle ou pouvoir hiérarchique à son égard de la part du pouvoir exécutif. Une AAI ne reçoit ni ordre, ni instruction ou directive du gouvernement. Cette indépendance est voulue par l'Etat pour offrir une crédibilité et une légitimité à ces structures évoluant dans des domaines sensibles ou soumis à des changements économiques et juridiques importants tels que les processus de déréglementation et d'ouverture à la concurrence. Une AAI peut prendre des décisions exécutoires mais elles ne sont pas soumises à un pouvoir hiérarchique ministériel mais elles agissent cependant au nom de l'Etat et engagent sa responsabilité. Le pouvoir réglementaire délégué à une AAI par l'Etat pourrait parfois venir en concurrence avec celui du gouvernement. Il doit donc être selon le Conseil Constitutionnel limité à un domaine particulier et très précis. Leur pouvoir n'est donc pas autonome mais elles ont un pouvoir d'exécution des lois et il surtout utilisé dans un souci de régulation. En 2015, un rapport de la Cour des comptes avait comptabilisé 2500 agents environ pour toutes les AAI et un budget global de 425 millions d'euros pour toutes les agences fonctionnant à cette époque.

Outre la logique conceptuelle qui préside à la création de ces agences, c'est leur efficacité et leur légitimité qui doit être questionnée. En effet, la nouvelle gestion publique (NGP) repose sur un présupposé hautement discutable : l'idée que les mécanismes du marché apportent toujours la solution optimale aux problèmes. En effet, les économistes ne sont pas d'accord sur cette question. De plus, l'absence de fiabilité des indicateurs de pilotage retenus dans le cadre de la NGP peut entrainer des biais importants et une mauvaise analyse et une mauvaise compréhension des questions. En effet les services publics et les agences concentrent leurs efforts dans la production de données statistiques au détriment de l'action concrète et de l'évaluation réelle et honnête des résultats. De plus, le coût réel du changement (études, coûts directs et indirects de la réorganisation, publicité, communication, etc.) se révèle parfois supérieur à une gestion directe par un service public. Enfin, cette perte d'expertise pour les services sous-traités peut provoquer à terme une réduction de la capacité d'adaptation et d'évolution de l'organisation considérée par cette réforme.

Les Grands Corps de l'Etat

En France, ce que l'on nomme les grands corps de l'Etat sont une composante des corps de hauts fonctionnaires au sein de la fonction publique française et dont les membres sont appelés à exercer de grandes responsabilités au sein de l'administration. Cependant cette dénomination n'a aucune existence juridique. Un grand nombre d'emplois supérieurs de l'Etat sont occupés par des membres de l'un de ces corps, de même qu'une grande partie des emplois de directeur, de chef de service ou de sous-directeurs d'administration centrale. Par rapport aux autres catégories des fonctionnaires d'Etat, les grands corps ont en commun deux caractéristiques : leur ancienneté historique, qui leur donne à la fois une légitimité symbolique et un réseau de cooptation solidement implanté dans les structures administratives, et leur relative autonomie par rapport à la hiérarchie, comme par exemple pour les juges et les magistrats. L'appellation 'grand corps de l'Etat' est fondée sur l'usage et non sur une réalité juridique. C'est d'ailleurs pour cette raison qu'il n'y a pas de définition unique de ce qu'est un grand corps de l'Etat, même si l'expression est utilisée dans une décision du Conseil d'Etat (CE, le 29/4/1964) et dans quelques textes comme le décret du 11 février 1952. En revanche, elle est absente des textes organisant chacun des corps concernés. L'absence de définition juridique fait que l'étiquette 'grand corps' n'est pas appliquée universellement. Une acceptation large l'applique à tous les corps des hauts fonctionnaires.

Stricto-sensu les grands corps administratifs sont : le Conseil d'Etat (CE), la Cour des comptes (CDC), l'inspection générale des finances (IGF), l'inspection générale de l'administration (IGA) et l'inspection générale des affaires sociales (IGAS). Les grands corps techniques des hauts fonctionnaires sont : le corps des ingénieurs des mines, le corps des ingénieurs des ponts et chaussées, eaux et forêts, le corps des ingénieurs de l'armement et le corps des administrateurs de l'INSEE. Il faut noter que dans la plupart des pays étrangers la notion de corps techniques de hauts fonctionnaires n'existe pas, car seuls les corps administratifs y sont susceptibles de recruter les hauts fonctionnaires. Il faut aussi remarquer que depuis quelques années, certaines voix, au sein même des anciens membres de ces corps, s'élèvent, soit pour en demander la suppression ou soit pour en critiquer la dérive managériale, à l'opposé de l'objectif initial à leur création. En effet, ces grands corps sont quelquefois critiqués comme des 'rentes' offrant une carrière garantie ou pour leur grande influence sur l'économie au-delà de leur rôle au service de l'Etat.

La haute fonction publique comprend les agents appartenant à l'encadrement supérieur de direction de la fonction publique. Bien que cette appellation n'ait pas d'existence juridique définie par la Direction Générale de l'Administration, cette notion peut couvrir deux situations : la principale est l'appartenance à un statut et la seconde se fonde sur la nature de l'emploi occupé. En général, ces deux situations se recoupent, car les personnes qui occupent d'importantes responsabilités sont également membres de divers corps de hauts fonctionnaires. Les hauts fonctionnaires sont majoritairement issus de grandes écoles comme : l'école polytechnique, l'école nationale d'administration (ENA), l'école des hautes études en santé publique, l'école nationale de la magistrature, l'école nationale supérieure de la police, l'institut des hautes études de l'éducation et de la formation, l'institut national des études territoriales, l'institut national du patrimoine, l'école nationale supérieure de la sécurité sociale, des diverses écoles normales supérieures, etc. Toutefois la majorité des membres des corps des hauts fonctionnaires sont recrutés chez les diplômés de l'école polytechnique en fonction du classement de sortie de l'école. Cela représente environ 60 personnes chaque année et une quinzaine de Normaliens rejoignent chaque année les corps techniques des hauts fonctionnaires. Quelques fonctionnaires peuvent également être intégrés à un corps technique par le recrutement interne (concours ou dossier). De même, il existe 5 concours permanents de recrutement de hauts fonctionnaires administratifs de l'Etat en dehors de l'ENA et des autres grandes écoles (EHSEP, INET, etc.) mais ces concours recrutent un faible nombre de personnes.

Après cette énumération des grands corps de l'Etat, je souhaite examiner plus en détail trois d'entre eux qui me semblent essentiels et plus influents que les autres : le Conseil d'Etat (CE), l'inspection générale des finances (IGF) et le corps des Préfets (CP).

Le CE est une institution publique créée en 1799 par Napoléon Bonaparte. On peut néanmoins faire remonter l'origine du CE à des formations qui sous des noms divers ont réuni des juristes autour des rois. Cet organe central de l'institution monarchique avait à la fois des fonctions politiques et juridiques et servait à conseiller le souverain et à l'aider à administrer le royaume, à l'image du CE défini par Bonaparte. Dans les institutions de la cinquième République, son rôle est de conseiller le gouvernement sur les projets de loi et d'être aussi la plus haute juridiction administrative. Le CE examine les projets de lois et d'ordonnances avant qu'ils ne soient soumis au conseil des ministres, ainsi que les projets de décrets. Le CE peut aussi examiner les propositions de loi. Il émet un avis sur la régularité juridique de ces textes, sur leur forme et leur opportunité administrative. Les séances se tiennent à huis clos et l'avis n'est transmis qu'au gouvernement, qui est libre de le rendre public ou non. Le gouvernement peut ne pas tenir compte de l'avis du CE. Le CE adresse chaque année au Président de la République un rapport qui énonce les réformes d'ordre législatif, règlementaire ou administratif qu'il propose au gouvernement. Le CE est l'échelon ultime des juridictions administratives qui juge les actions des autorités publiques, et sa compétence peut tantôt s'exercer en premier et dernier ressort, tantôt comme juge d'appel ou alors comme juge de cassation. Le CE peut être amené à examiner, en tant qu'organe juridictionnel, la conformité à la loi d'un décret pris au Conseil d'Etat. Ce cumul de fonctions pose à mon avis un problème d'impartialité des jugements, car on ne peut pas à la fois rendre des avis sur une loi et juger cette même loi. En effet, pour juger les contentieux administratifs il existe déjà les tribunaux administratifs et les cours administratives d'appel. Il est donc tout à fait inutile que le CE ait des prérogatives judicaires.

De plus, les membres du CE règnent sur toute la machinerie administrative sans que les citoyens en aient réellement conscience. Juge de l'Etat, des collectivités et de l'administration, cette haute cour administrative à son mot à dire sur tout. Et le vice-président, car officiellement mais pas concrètement c'est le Premier ministre qui en est le président, qui le dirige est une des personnalités les plus influentes de la République. Le CE est une machine à légitimer l'action administrative et celle du gouvernement. Il s'est même permis d'autoriser le gouvernement à prolonger les détentions provisoires sans juge alors que le Conseil Constitutionnel les a ensuite censurées. Ce mélange des genres est une anomalie dans un Etat moderne. Il est grand temps de réformer cette institution ou si cela n'est pas possible de la supprimer. De plus, les conseillers d'Etat, environ 230 personnes, peuvent multiplier les casquettes. Ils sont nommés dans telle ou telle commission ou apportent leur expertise à divers ministères et entreprises. Et pas toujours de façon bénévole parce que certains membres, en position administrative de détachement, peuvent travailler dans le secteur privé auprès de très grandes entreprises. De même, le CE est la seule juridiction dans laquelle vous ne savez pas qui vous juge, et les activités des conseillers sont difficilement traçables. Pourtant ils sont omniprésents, naviguant dans la haute fonction publique ou dans le secteur privé. Il faut arrêter avec ce système.

L'inspection générale des finances (IGF) est un service d'inspection interministériel et elle forme un des grands corps de l'Etat. Elle dispose de pouvoirs importants et d'une large autonomie, mais elle n'est cependant pas indépendante du pouvoir exécutif parce que le directeur est nommé par le Président de la République sur proposition du ministre des Finances. Sa mission principale est de contribuer à une gestion rigoureuse et efficace des finances publiques et depuis 2006 elle participe aussi à la modernisation de l'administration. L'IGF opère un contrôle et une surveillance sur tous les agents du ministère des finances et des ordonnateurs secondaires des autres ministères, ainsi que sur les budgets annexes et les comptes spéciaux du Trésor. Constituées d'environ 270 membres, dont 70 inspecteurs, ses missions se sont élargies avec le temps : inspection et audit interne (9% des missions en 2009), évaluation d'organisation et de dispositifs publics (34%), conseil aux autorités publiques (37%), mission d'assistance aux parlementaires en mission (15%). L'IGF est également sollicitée à l'international, soit pour le compte du Fonds Monétaire International ou soit pour la Banque Mondiale. L'IGF a participé à la révision générale des politiques publiques et à la réduction du domaine d'intervention de l'Etat depuis le début des années 1980. Pour certaines personnes, l'IGF constitue le 'noyau dur' de la doxa économique française, tandis que les membres de l'IGF revendiquent une autorité politique et économique qui prend souvent la forme d'un discours à prétention universelle sur les enjeux économiques. Sorte 'd'élite de l'élite' placée au sommet de la hiérarchie administrative, l'IGF alimente beaucoup de suspicions et de critiques sur le caractère fermé du pouvoir en France. Ainsi, au cours des trente dernières années, on a constaté des scandales financiers où étaient impliqués des inspecteurs des finances (Vivendi avec Jean-Marie Messier, Alsthom avec Pierre Bilger, Crédit Lyonnais avec Jean-Yves Haberer, Areva avec Anne Lauvergeon). L'IGF est régulièrement critiquée pour être un 'placard doré' permettant de recaser les proches d'hommes politiques en fin de carrière. De plus, beaucoup d'inspecteurs des finances font des allers-retours entre le secteur privé et les administrations. Ce sont les champions du pantouflage. C'est un grave problème pour notre démocratie, car cela pose des questions éthiques et déontologiques liées aux mélanges des genres et c'est une source de graves conflits d'intérêts. Il faut donc interdire le pantouflage en imposant au fonctionnaire un choix définitif : soit il reste fonctionnaire, soit il rejoint le secteur privé et ne peut plus retourner dans l'administration.

Plus important en nombre que les conseillers d'Etat et les inspecteurs des finances, les Préfets appartiennent eux aussi à la haute fonction publique et sont membres d'un grand corps disposant de prérogatives particulières et d'un statut spécifique. Les fonctions des Préfets sont définies aujourd'hui par l'article 72 de la cinquième République et ils sont nommés par le Président de la République. Ce corps préfectoral est composé d'environ 200 préfets et 550 sous-préfets et ils sont généralement employés pour représenter et appliquer la politique gouvernementale au niveau des départements et des régions. Les autres préfets occupent des postes dans l'administration, dans d'autres services de l'Etat ou des établissements publics. La fonction de préfet et celle de sous-préfet furent créées par le Premier Consul, Napoléon Bonaparte, le 17 février 1800 pour mettre au pas les nouvelles autorités locales créées par la Révolution de 1789. Le choix du titre retenu, du latin 'praefectus' (placé à la tête de...), démontre l'autorité que Napoléon souhaitait confier aux tenants de cette nouvelle profession. La fonction préfectorale remplace, sans lui correspondre tout à fait, celle occupée par les intendants des anciennes provinces du royaume. Durant la Restauration, Louis 18 a conservé l'administration mise en place par Bonaparte. Outre qu'elle avait démontré son efficacité, l'institution préfectorale s'était largement ouverte à l'aristocratie. Sous la monarchie de Juillet la fonction politique des préfets se précisa, car le préfet est devenu un agent électoral à la solde du gouvernement en promouvant les candidats officiels. Le Second Empire attribue de nouveaux pouvoirs aux préfets. Malgré une légère atténuation au moment de la libéralisation du régime à partir de 1860 sur les droits des conseils municipaux, le préfet du Second Empire s'occupe de tout et pèse largement sur la vie locale, au détriment des autorités et de la démocratie locale. La troisième République conforte l'institution préfectorale et en fait un diffuseur des idées républicaines, notamment dans le monde rural. La démocratie locale se met lentement en place et les collectivités s'émancipent peu à peu de la tutelle préfectorale. Durant la Première Guerre mondiale, les préfets sont investis de lourdes tâches (approvisionnement de l'armée, ravitaillement de la population, contrôle de l'information, etc.). Les attributions transférées aux préfets par les ministres visent à renforcer leur rôle au niveau local. C'est ainsi que le préfet surveille l'exécution des lois et des règlements et que les chefs de service sont tenus de lui fournir tous les renseignements utiles. En revanche, la Seconde Guerre mondiale va être pour les préfets une période de déchirement. Nombreux sont les membres du corps préfectoral qui s'engagent dans la Résistance et 39 meurent au cours de combats, fusillés ou en déportation. D'autres choisiront la fidélité au régime de Vichy, qui renforce considérablement les pouvoirs des préfets.

Comme l'a dit à plusieurs reprises la Cour des comptes, les préfets sont mal gérés par l'Etat. Par exemple on dispose de deux fois plus de préfets qu'il y a de postes à pourvoir, ce qui provoque forcément des dérives. Il existe donc des préfets dits 'hors-cadres' qui sont rémunérés mais qui n'exercent aucun emploi concret. Scandale dites-vous ? De plus le ministre de l'Intérieur nomme parfois (pour recaser des amis politiques ?) des personnes sur des postes de préfet mais qui n'ont pas réellement les compétences requises, et c'est toujours la Cour des comptes qui le dit. Enfin, la tutelle préfectorale n'a pas totalement disparu, car il contrôle la légitimité des arrêtés municipaux et peut saisir un juge à cet effet, et il peut se substituer au maire en matière de police et d'ordre public. Datant de la monarchie et de l'Empire, cette situation de subordination des collectivités ne peut plus durer dans un Etat moderne et démocratique.

L'Institution Judiciaire

Il est nécessaire qu'un Etat, ou tout système politique, disposent d'un système judiciaire pour faire respecter les lois qu'il vote et promulgue. Cependant, cela n'est pas à priori évident parce que l'histoire nous enseigne que la construction d'une Justice est un phénomène lent et évolutif. La justice est certes un principe moral et philosophique mais elle est aussi un idéal universel jugé fondamental pour la vie sociale et la civilisation. Mais elle est surtout un ensemble d'institutions (police, tribunaux, etc.) qui imposent le règne de la loi sans forcément un lien avec les principes philosophiques. L'institution judiciaire est censée punir quiconque ne respecte pas la loi avec une sanction ayant pour but, théorique, de lui apprendre la loi et de contribuer parfois à la réparation des torts causés à autrui, à un patrimoine privé ou à la société.

La justice devient une réalité pratique dans la Rome antique avec l'apparition d'une norme commune : le droit. La justice obéit alors à des règles débattues et voulues par les représentants du peuple. Désormais, l'échelle des sanctions à appliquer est basée sur des textes écrits. Par extension, la justice fut assimilée au pouvoir judiciaire. Il n'y a donc pas nécessairement de lien entre l'idéal de justice et l'institution judiciaire. Si ce pouvoir a évolué au cours de l'histoire et des sociétés depuis son invention, il est une institution fonctionnelle spécialisée dans le maintien (les Codes), le développement (la Jurisprudence) et l'application de la loi (le Jugement). Créée par la nécessité d'organiser la société, l'institution judiciaire est diverse selon l'époque et la région du monde où elle s'applique. L'histoire de la Justice est une discipline complexe liant l'histoire et la philosophie. D'après les théories du contrat social, la justice institutionnelle est liée à l'invention de l'Etat. La justice comme institution serait née de l'obligation de réglementer les relations humaines pour permettre la cohabitation des êtres humains. En effet, dans ces théories la justice est un élément de l'état civilisé qui est le contraire de l'état de nature, dans lequel chacun à un pouvoir absolu mais aucune garantie autre que sa force pour assurer sa conservation. La justice comme institution impose nécessairement une restriction des droits, ou pouvoirs des individus pour protéger le bien-être commun. Les idées philosophiques se sont diffusées peu à peu et la justice est devenue un grand sujet de réflexion et un enjeu politique primordial. La limitation des pouvoirs des souverains est apparue nécessaire au cours de l'histoire. Il existe cependant plusieurs types de Justice que je n'examinerai pas ici parce que ce serait long et fastidieux et cela n'est pas non plus le sujet de mon livre. Ce que je veux c'est décrire, après ces quelques considérations générales, l'état de notre organisation judiciaire actuelle.

Le système juridique français est formé par l'ensemble des tribunaux répartis sur tout le territoire et l'administration dépendant du ministère de la Justice (MJ). La France a souhaité mettre en œuvre certains principes inhérents à une idée du procès respectueux des libertés fondamentales, prenant ainsi en compte la possibilité de faire appel d'un jugement, d'être défendu par un avocat ou de contester les procédures. Certains de ces principes résultent d'une évolution historique, comme par exemple le principe de séparation des pouvoirs. Ce principe précise que les pouvoirs publics doivent être séparés et attribués à des organes distincts. Ainsi le pouvoir d'édicter des règles (pouvoir législatif) est confié au Parlement, le pouvoir de les faire appliquer (pouvoir exécutif) appartient à un Président ou à un Premier ministre et le pouvoir judiciaire possède la possibilité de sanctionner les écarts avec la loi. Cependant, la Constitution de la cinquième République ne reconnait pas un pouvoir mais une 'autorité judiciaire'. Dans cette constitution, les pouvoirs législatifs et exécutifs furent soustraits au contrôle des juridictions judiciaires au motif que celles-ci ne disposaient pas d'une légitimité suffisante pour juger les actes émanant d'autorités issues du suffrage universel. C'est à mon avis une vision anti-démocratique et un raisonnement fallacieux parce que la Loi doit s'appliquer à tout le monde, quelle que soit la situation de chaque individu. D'ailleurs il a été créé par la suite des tribunaux administratifs et des cours administratives d'appel.

Les juridictions judiciaires (tribunaux correctionnels, cours d'assises, tribunaux de police, cours d'appel, etc.) sont compétentes pour juger en matière pénale les litiges entre les particuliers, les crimes et les délits. En revanche, les juridictions administratives (tribunaux administratifs, cours administratives d'appel et conseil d'Etat) sont compétentes pour juger les affaires où interviennent l'Etat, les collectivités locales, les établissements publics et les personnes morales de droit public. Le pouvoir judiciaire est confié aux juges et aux magistrats qui se fondent sur les textes de loi pour prendre des décisions. En 2021, la France compte environ 8 200 magistrats, ce qui la place derrière d'autres pays similaires en nombre de magistrats par habitant. Un magistrat est, au sens strict, une personne exerçant la profession de rendre la justice (magistrat du siège) ou de requérir au nom de la société et de la loi (magistrat du parquet).

Cependant il existe plusieurs corps de magistrats exerçant dans des juridictions différentes, régis par des statuts divers et recrutés selon des modalités différentes. Le titre 8 de la Constitution de 1958 rappelle l'indépendance des membres du corps judiciaire, dont le Président de la République en est le garant formel, avec l'assistance du Conseil Supérieur de la Magistrature (CSM). Cette indépendance est indispensable et fondamentale pour assurer à tous les citoyens que les jugements sont rendus sans à priori et biais idéologiques. Cela signifie que le juge ne doit manifester ni parti-pris ni préjugé personnel et qu'il doit être protégé de toute influence extérieure. Outre des prérogatives en matière disciplinaire, le CSM exerce un pouvoir de contrôle et de proposition pour la nomination des magistrats du siège. S'agissant des magistrats du parquet et de l'administration, le CSM formule de simples avis que le Président de la République n'est pas obligé de suivre. Cependant, tout magistrat a vocation à être nommé au cours de sa carrière à des fonctions de siège et du parquet, et peut être aussi appelé à participer à l'administration centrale du ministère de la Justice. Cela pose à mon avis de graves questions de confusion et de mélange des genres. On ne peut pas naviguer durant sa carrière d'un côté ou de l'autre de la barrière : soit on juge, soit on poursuit ou alors on administre les services.

Le corps judiciaire est composé des magistrats du siège, du parquet, des auditeurs de justice, des magistrats stagiaires et des élèves de l'école nationale de la magistrature. L'exercice des fonctions de magistrat est incompatible avec un mandat politique et toute activité salariée, sauf certaines activités d'enseignement. Ces restrictions sont censées garantir leur indépendance. Et ils possèdent aussi une autre garantie, celle que l'on appelle l'inamovibilité. C'est-à-dire qu'une fois nommé sur un poste précis, le magistrat ne peut pas recevoir une nouvelle affectation sans son consentement. En revanche, les magistrats du parquet ne sont pas inamovibles et leur indépendance est limitée par le fait qu'ils sont placés sous la tutelle et le contrôle de leur hiérarchie, et sous l'autorité du Ministère. Bien sûr, les magistrats sont susceptibles de répondre de leurs éventuelles fautes pénales, civiles ou disciplinaires dans les conditions prévues par la loi. La responsabilité des magistrats est engagée selon les mêmes modalités que les autres citoyens.

Malheureusement, une majorité de Français estiment que notre système juridique fonctionne mal et trop lentement. On peut avancer trois causes principales à cette défiance envers la justice qui expliquent également certains dysfonctionnements : le manque de magistrats par habitant, le trop grand nombre de lois et de règlements et l'insuffisance des moyens matériels et humains. Il est grand temps de résoudre ces problèmes.

Les Régions, Départements et Collectivités Locales

Le territoire de la France est divisé administrativement en plusieurs entités géographiques de taille plus ou moins grande : régions, départements et communes. Il existe certes d'autres divisions territoriales que j'évoquerai un peu plus loin. En France, une collectivité territoriale (CT), appelée aussi collectivité locale, est au sens juridique du terme une personne morale de droit public qui exerce sur un territoire donné certaines compétences qui lui sont dévolues par l'Etat.

L'existence des CT est prévue par la Constitution de la cinquième République dans son titre 12. L'article 72 de cette même constitution prévoit l'existence des CT et précise qu'elles s'administrent librement par des conseils élus par des citoyens. Elles disposent aussi d'une autonomie juridique et patrimoniale mais elles ne possèdent que les compétences précises et prévues par la loi. Ce principe de libre administration s'applique également aux relations entre les CT parce que la Constitution dit qu'aucune CT ne peut exercer de tutelle sur une autre. Les CT existantes actuellement sont les communes, les syndicats de communes, les communautés de communes, les communautés d'agglomération, les communautés urbaines, les métropoles, les syndicats intercommunaux, les départements et les régions. En 2016, l'ensemble des dépenses de toutes les CT atteignait le chiffre de 214 milliards d'euros, ce qui est très inférieur au budget de l'Etat, contrairement à ce que l'on croit trop souvent. De même, la fonction publique locale ne représente qu'environ 34% du nombre total de fonctionnaires.

Le plus petit échelon administratif de notre pays est la commune. C'est à la fois une CT et une autorité administrative indépendante et décentralisée. Sur le plan géographique, la commune est une division élémentaire du territoire national. L'histoire des communes, en tant qu'institution, commence formellement avec le décret du 12 novembre 1789. Elles succèdent aux communautés, seigneuries et paroisses de l'Ancien Régime, et elles ont connu une évolution continue de leurs attributions. Avant la grande Révolution, il existait plusieurs circonscriptions administratives de base dont les ressorts ne correspondaient pas toujours entre elles et se chevauchaient parfois. La paroisse ecclésiastique concernait le domaine religieux. Elle servait de base à l'administration du culte catholique et à la levée de la dime. Regroupant une communauté de fidèles autour d'un curé et d'une église, elle était investie d'une forte identité. Mais il existait deux autres entités territoriales de base : d'une part la seigneurie, circonscription judiciaire et fiscale pour les impôts et d'autre part la communauté qui avait été créée au Moyen-âge pour la levée de l'impôt royal. De plus, sous l'Ancien Régime les villes tenaient leur statut d'autonomie du roi, du comte ou du duc local. Les chartes communales n'étaient pas homogènes, car chaque ville avait la sienne et sa propre organisation. Le 14 décembre 1789, l'Assemblée constituante vote une loi créant les municipalités, ou communes. La décision de cette assemblée est révolutionnaire, car, en plus de transformer les nombreuses chartes des diverses cités et bourgades, elle érige en communes toutes les anciennes communautés ou paroisses. Les révolutionnaires voulaient créer des divisions administratives identiques dans tout le pays. Le territoire est divisé en départements, districts, cantons et communes et toutes ces communes ont le même statut avec un conseil municipal élu par les habitants de la commune. De plus, le 20 septembre 1792 cette même assemblée décide que le registre des naissances, des mariages et des décès tenu auparavant par le curé de la paroisse passe sous la responsabilité d'un officier public élu et un mariage civil est institué.

Il faudra cependant attendre l'achèvement du cadastre napoléonien pour que chaque commune (ou presque !) dispose, dans les années 1850, d'un acte administratif de reconnaissance formelle et précise de leur territoire. En France, la superficie moyenne d'une commune est de 14,88 km2, contre 15km2 en Allemagne et 35km2 en Espagne. Selon les chiffres donnés par l'INSEE en 2021, 53% des communes comptent moins de 500 habitants, et 84,6% des communes possèdent moins de 2 000 habitants, et celles-ci accueillent seulement 6,1 millions d'habitants sur une population totale de presque 68 millions de personnes. Une commune est administrée par un conseil municipal (CM) dont les membres sont élus au suffrage universel direct pour une durée de six ans. Le CM élit en son sein un maire chargé d'appliquer les décisions du CM et qui dispose pour cela de compétences propres. Le maire est souvent assisté d'un ou plusieurs adjoints qui peuvent recevoir des délégations spécifiques. Le nombre de conseillers municipaux est déterminé en fonction du nombre d'habitants de la commune. Les communes s'occupent de l'administration locale : gestion de l'eau, des déchets ménagers, de l'entretien du patrimoine, de la gestion des permis de construire, etc.... . En tant que représentant de l'Etat sur le territoire communal, le maire à la charge des actes d'état civil et de l'organisation des élections. De plus, il dispose d'un pouvoir de police et en vertu de son statut d'officier de police judiciaire il peut requérir les forces de l'ordre.

Les communes disposent d'un budget propre qui doit être obligatoirement voté en équilibre, contrairement à l'Etat. Le budget, préparé par le maire avec l'aide du receveur municipal, est soumis au vote du conseil municipal. Les recettes des communes proviennent de la fiscalité, de transferts financiers de l'Etat et d'autres CT (dotations, subventions, etc.), de recettes tarifaires et patrimoniales (loyers, droits de place, etc.) et des fonds structurels européens. Les communes disposent de moyens humains pour exercer leurs missions, recrutés par concours sous le statut de fonctionnaires. En 2019, on comptait environ 14,3 agents territoriaux pour 1000 habitants. Beaucoup de communes se sont volontairement regroupées pour créer des syndicats intercommunaux dédiés à une tâche précise et unique qu'une commune ne peut assurer seule parce que l'enjeu dépasse sa compétence et son espace territorial. C'est par exemple le cas des déchets (SICTOM, SIETOM, etc.) et de l'adduction d'eau potable (SIAEP, SIIEP, etc.). Cela fonctionne très bien et depuis de très nombreuses années. Mais, sans trop savoir pourquoi ni débat avec les collectivités concernées, l'ancien ministre de l'Intérieur (1997-2000) Jean-Pierre Chevènement a fait voter deux lois pour créer de nouvelles structures intercommunales : communauté de communes, communautés d'agglomération et métropoles. Cela n'a fait que rajouter inutilement un échelon administratif. De plus, pour encourager la création de ces structures intercommunales, l'Etat leur attribue des subventions. Plus il y aura des communes réunies et plus les subventions seront importantes. En zone rurale, la plupart des communes n'ont rejoint ces structures que dans le but de bénéficier des subventions. Enfin, ces structures ne sont pas dirigées par des représentants élus mais ils sont désignés par les conseils municipaux. La nécessité de concilier les points de vue de chacune des communes membres prend souvent le pas sur l'efficacité de la prise de décision. Il faut donc revenir à la situation antérieure et supprimer toutes ces nouvelles structures intercommunales. Cela simplifierait la vie des citoyens et permettrait de faire des économies.

La création des départements est consécutive au décret du 22 décembre 1789 pris par l'Assemblée constituante de 1789 pour prendre effet à partir du 4 mars 1790. L'histoire des départements résulte principalement des ajustements successifs du territoire de la France. La carte actuelle des départements n'est donc guère différente de celle de 1790, à l'exception notable des départements d'outre-mer, de la région parisienne et de la zone frontalière avec l'Italie. La Monarchie de Juillet (1830-1848) amorce une prudente évolution institutionnelle avec la loi du 22 juin 1833. Les conseillers généraux qui étaient nommés par le gouvernement sont désormais élus au suffrage censitaire mais leur pouvoir de décision est très encadré et le vrai décisionnaire reste le Préfet. Puis la loi du 10 août 1871 marque un vrai tournant institutionnel puisqu'elle permet au conseil général d'accéder à l'autonomie grâce à la délimitation de ses pouvoirs et ceux du Préfet. Pour autant, ce texte législatif ne dote pas les départements d'un exécutif élu, car les préfets demeurent à leurs têtes, situation qui va perdurer jusqu'en 1982. Sauf pour l'Île-de-France où la réorganisation de la région parisienne en 1964, mise en œuvre en 1968, transforme les deux départements de la Seine et Seine-et-Oise en sept nouveaux départements. Avec la loi du 2 mars 1982, dite loi de décentralisation, le département est devenu une collectivité locale de plein exercice. Désormais, c'est le président du Conseil Général, élu parmi ses pairs, qui préside l'assemblée, prépare et exécute le budget. Il devient également le chef de l'administration départementale.

Le département est une circonscription administrative de droit commun depuis l'an 8 de la Révolution (1799-1800) et l'est resté depuis cette date. Il est dirigé par un Préfet, nommé par le gouvernement, qui est assisté par un ou plusieurs sous-préfets. A la suite de la révision générale des politiques publiques (RGPP), engagée sur la période 2007-2011 sous le mandat de Nicolas Sarkozy, plusieurs des services déconcentrés de l'Etat furent obligés de se regrouper ou de transférer leurs activités à l'échelon régional. Depuis le 1er janvier 2010 il n'y a plus que deux ou trois directions interministérielles dans chaque département. Ainsi, la direction de l'équipement, de l'agriculture et de la forêt ont fusionné en deux étapes pour former une nouvelle direction départementale des territoires. Une partie de la DDASS, l'autre partie étant transférée en délégation des ARS, et la direction des services vétérinaires a fusionné en une nouvelle direction appelée 'direction de protection des populations'.

De plus, le département est également le CT dirigé par le conseil départemental, anciennement appelé conseil général, dont les membres sont élus au suffrage universel direct pour six ans. Depuis le redécoupage cantonal de 2014, entré en vigueur en 2015, les conseillers départementaux sont élus par binômes dans un canton alors que précédemment un seul conseiller général était élu par canton. Ce redécoupage a réduit de près de moitié le nombre de cantons. Le département s'occupe de la solidarité (versement du RSA, contrats aidés, etc.), du développement économique (aide aux entreprises, etc.), de l'entretien immobilier des collèges, des transports scolaires, de l'équipement des communes (subventions, aides directes, etc.), de l'aide sociale à l'enfance, de l'aide aux personnages âgées (APA, EHPAD, etc.), de l'entretien des espaces naturels, du logement social (FSL, offices de l'habitat, etc.), de la construction et de l'entretien des routes départementales, des services d'incendie et de secours et sans doute d'autres éléments dont je ne me souviens plus… . Bref, une longue liste de domaines d'intervention et de compétences.

En France, une région est une CT issue de la décentralisation, dotée de la personnalité juridique et d'une liberté d'administration. Les régions sont régies par le titre 12 de la Constitution de 1958 et la quatrième partie du Code Général des Collectivités Territoriales (CGCT). Pour partie héritières d'anciennes provinces et régions géographiques historiques, les régions sont créées sous leur forme actuelle à partir de 1956 et acquièrent leur statut de collectivité locale en 1982. Avant la Révolution de 1789 le royaume de France était divisé en provinces historiques issues de l'histoire féodale et dont, pour certaines, la taille correspondait approximativement aux régions actuelles. En 1789 ces provinces furent supprimées et le territoire divisé en 83 départements. Depuis le début du XIXe siècle, il existait un mouvement politique qui revendiquait la création d'entités administratives et politiques permettant une décentralisation accrue des pouvoirs. En effet, après la Révolution la nation s'est substituée au Roi mais l'Etat français a conservé sa structure centralisatrice. Durant le XIXe siècle, des revendications régionalistes émanent des 'légitimistes' (qui militent pour le rétablissement de la royauté) quand ceux-ci comprennent vers les années 1890 que la République avait définitivement gagnée par les urnes et que seul le pouvoir local était encore à leur portée. Les premières mesures allant dans le sens de la création des régions sont prises après le premier conflit mondial. Un arrêté ministériel institua des groupements économiques régionaux dits 'régions Clementel', le 5 avril 1919. Les 17 groupements initialement prévus furent bientôt portés à 21 et furent administrés par un comité régional composé de deux délégués auxquels étaient associés les Préfets et les Sous-préfets. A partir de la Première Guerre mondiale, le développement des transports et la facilité plus grande à se déplacer conduisirent certaines personnes à s'interroger sur l'opportunité de créer des divisions administratives plus grandes que les départements. A la Libération, le général de Gaulle voulait garder la maîtrise de l'administration locale. Or il manquait de personnel préfectoral et il savait qu'il allait avoir besoin de nommer de nouveaux préfets s'occupant de plusieurs départements à la fois. Aussi décida-t-il par une ordonnance du 10 janvier 1944 de l'organisation administrative accompagnant la future libération du territoire et il instaura des régions administratives placées sous l'autorité d'un commissaire de la République. Dans cette optique, le décret Pfimlin du 30 juin 1955 décida de 'programmes d'actions régionales'. Pour la première fois depuis la Révolution des régions ne correspondant pas aux anciennes délimitations géographiques mais construites arbitrairement sont utilisées. Ces vingt-et-une circonscriptions sont dotées d'un préfet de région par un décret du 14 mars 1964. Puis la loi du 5 juillet 1972 dote les régions d'un conseil régional assisté d'un comité économique et social mais ces entités n'ont que peu de pouvoirs. Enfin, les lois de décentralisation de 1982 consacrent le terme de région et en fait des collectivités à part entière. Les régions sont désormais dotées de deux assemblées : une assemblée délibérante (le conseil régional) et une assemblée consultative (le conseil économique, social et environnemental régional). Depuis le début des années 1990, elles ont vu leur poids économique, politique et symbolique s'accroître dans le paysage institutionnel. Ce mouvement s'est fait de manière concomitante avec les transferts de compétence de la part de l'Etat.

La région est aussi une circonscription administrative de droit commun depuis le décret du 1er juillet 1992 et un cadre territorial dans lequel se trouvent des services extérieurs de l'Etat. Elle constitue un échelon de programmation et de répartition des crédits d'investissement de l'Etat ainsi que de la contractualisation des programmes pluriannuels entre l'Etat et les collectivités locales. La région est également une collectivité territoriale, à savoir une personne morale de droit public distincte de l'Etat et bénéficiant d'une autonomie juridique et patrimoniale. Cependant, la France étant un Etat unitaire et décentralisé, les régions n'ont pas d'autonomie législative mais elles disposent d'un pouvoir règlementaire. Ces conseillers régionaux sont élus pour un mandat de six ans, au scrutin de liste à deux tours sans possibilité de panachage, ni de vote préférentiel. L'organe exécutif a pour rôle de préparer et d'exécuter les décisions de l'assemblée. Il occupe en réalité une place centrale parce qu'il est le chef de l'administration régionale. La région s'occupe et gère les aides directes et indirectes aux entreprises, la formation professionnelle, les lycées (bâtiments et restauration), la culture et le sport (équipement, subvention aux associations), les espaces naturels (parcs naturels régionaux), les ports fluviaux et les aéroports, les transports ferroviaires régionaux, le financement du logement et bien d'autres choses encore.

Le gros problème des CT françaises est à mon avis la confusion des rôles et l'enchevêtrement des compétences. En vertu de la clause de compétence générale, incluse dans la loi du 2 mars 1982, chaque CT peut s'occuper de tous les domaines de la vie sociale de leurs habitants. Cela complexifie la prise de décision et ralentit la mise en place des projets. De plus, le dernier découpage des régions, fait sous le quinquennat de François Hollande, suscite régulièrement des débats entre les partisans des régions culturelles et ceux voulant des divisions administratives formelles. De nombreuses voix se font entendre depuis longtemps pour dénoncer le mille-feuille administratif. La suppression d'un ou plusieurs échelons administratifs de collectivités locales fait débat en France. Pour ma part, je suis favorable pour supprimer ces grandes régions qui n'ont pas de véritable identité historique ni démocratique et toutes ces intercommunalités qui empêchent ou ralentissent les actions des communes.

QUATRIEME CHAPITRE : UN NOUVEL ETAT

Il faut bien admettre qu'aujourd'hui notre démocratie ne fonctionne pas aussi bien que l'on pourrait le souhaiter et que l'Etat français et nos institutions républicaines doivent être questionnés sur leur légitimité afin de trouver des solutions pour un fonctionnement plus efficace et démocratique. C'est ce que je vais tenter de faire dans ce dernier chapitre. Seuls ceux qui ne veulent rien changer sont ceux qui tirent des bénéfices du fonctionnement actuel au détriment de l'intérêt général. Cela ne peut pas durer ainsi parce que sinon, nous irons vers une société de plus en plus divisée, de plus en plus conflictuelle et où les oppositions politiques ne pourront que s'exprimer violemment dans la rue. Il nous faut donc construire un nouvel Etat, avec un fonctionnement plus simple et des institutions plus proches des citoyens et plus démocratique.

Un nouvel Etat ? D'accord, mais à partir de quelles bases et sur quels principes ? Un nouvel Etat plus simple ? Pourquoi pas, mais surtout pour être plus efficace et qui dépense à bon escient. Autrement dit un Etat moderne adapté aux évolutions futures de la société, mais aussi un Etat qui retrouve une nouvelle souveraineté lui permettant d'agir. Tout cela est sans doute important mais comment procéder ? Comment créer de nouvelles institutions ? Essayons de réfléchir et examinons cela dans les paragraphes suivants.

Créer un Etat ? Sur quelles bases et quels principes ?

Si l'on se réfère à la théorie et aux notions générales, il est évident qu'une séparation des pouvoirs doit être scrupuleusement préservée dans la vie publique et politique. Je crois que la classification faite par Montesquieu (1689-1755) dans son livre "De l'esprit des lois", publié en 1748, est encore valable aujourd'hui. L'idée de Montesquieu concerne la limitation d'un pouvoir par un autre pouvoir pour que personne ne puisse abuser de son propre pouvoir. Le pouvoir législatif, qui établit et vote les lois, doit être élu par les citoyens. Le pouvoir exécutif, chargé d'appliquer les lois, doit être confié à un gouvernement formé par des ministres qui, à mon avis, devraient être aussi élus par les citoyens, ce qui n'est pas aujourd'hui le cas en France. A la tête de ce gouvernement serait élu un chef d'Etat, chargé de définir et de coordonner l'action du gouvernement. Le poste de Premier ministre n'a plus aucune raison d'être à l'heure actuelle. Enfin, le pouvoir judiciaire devrait être confié à des magistrats professionnels, choisis dans une liste établie après des études dans une école spécialisée et après avoir obtenu un diplôme correspondant à leur qualification et futur métier. Pour être totalement indépendants des deux autres pouvoirs, les magistrats devraient être nommés par un conseil supérieur, composé par des membres élus eux aussi par des citoyens. Le but de ces distinctions et de votes multiples est d'empêcher qu'une seule personne, ou un groupe restreint de personnes, concentre excessivement dans ces mains tous les pouvoirs de l'Etat. Il s'agirait donc de distribuer les différents pouvoirs à divers organes afin que les prérogatives des uns limitent les pouvoirs des autres. L'idée principale est de créer un nouveau système démocratique fondé sur des pouvoirs limités entre chaque institution élue. Ceci pour éviter les abus que nous connaissons malheureusement aujourd'hui et qui sont en partie la conséquence d'une dérive personnelle de certains présidents de la République.

Certes, avec ce que je propose il y aura des élections plus souvent qu'actuellement mais le principe d'un régime parlementaire démocratique est évidemment basé sur des élections régulières et un choix citoyen souvent convoqué. De même, pourquoi ne pas envisager l'instauration pour les parlementaires d'un système de mandats impératifs, de référendums révocatoires ou l'élection par le tirage au sort ? Le mandat impératif est une forme de mandat politique dans lequel le pouvoir est délégué à une organisation ou à un individu élu en vue de mener une action définie et limitée dans le temps, selon des modalités précises auxquelles il ne peut déroger. Il s'oppose donc au mandat représentatif. Le mandat impératif est lié à la notion de souveraineté populaire qui s'oppose à la souveraineté nationale. Ainsi, la plupart des régimes politiques actuels confèrent aux élus la souveraineté nationale parce qu'ils représentent l'ensemble de la nation, quel que soit l'endroit où ils sont élus. Le mandat impératif fut brièvement expérimenté lors de la Commune de Paris en 1871. Le 22 mars 1871, le Comité Central de la Garde nationale déclare : « *Les membres de l'assemblée municipale, sans cesse contrôlés, surveillés, discutés par l'opinion sont révocables, comptables et responsables* ». Par la suite, en 1936, dans la province de Catalogne plusieurs villages fonctionnent avec le mandat impératif et organisent ce système à une grande échelle. Entre 2001 et 2003, la commune d'Atenco, au Mexique, expérimente ce mode de fonctionnement avant que l'Etat fédéral mexicain n'impose, avec l'aide de l'armée, un maire à la commune et que s'ensuive une répression. Aujourd'hui le mandat impératif existe dans des pays comme la Chine, l'Inde, le Nigéria, l'Afrique du Sud, Cuba ou bien encore le Viêt-Nam. En revanche, la Constitution française de 1958 interdit le mandat impératif. Donc, si l'on veut imposer ce système en France, il faudra d'abord changer de Constitution.

Le référendum révocatoire est un droit civique existant actuellement dans plusieurs Etats et qui donne aux citoyens la possibilité de chasser ou renvoyer un élu ou un agent public. Un tel référendum peut être convoqué au moyen d'une initiative populaire, par la volonté d'une majorité d'élus ou par un mélange de celles-ci. Bien sûr, un tel type de référendum doit être encadré par des procédures pour conserver une certaine stabilité au système politique. Contrairement à ce que certains journalistes, hommes politiques et sociologues voudraient nous faire croire, et oublient volontairement de le dire, quelques pays ont dans leur Constitution des dispositions permettant d'organiser un référendum révocatoire. C'est le cas par exemple des USA, de l'Equateur, du Mexique, de la Roumanie, du Venezuela ou dans une moindre mesure du Royaume-Uni. De même, le tirage au sort dans la vie politique est très décrié par ces mêmes personnages.

Dans le cas de la désignation d'une assemblée, c'est-à-dire d'un échantillon large, le tirage au sort possède la particularité d'assurer une représentativité plus importante que par le vote. Il est de ce fait couramment promu en complément des référendums par les partisans d'une démocratie directe. Dans un second temps ces assemblées seraient chargées de choisir en leur sein les membres du gouvernement. Durant sa période démocratique, l'antique Athènes utilisait le tirage au sort pour confier la plupart des tâches à de simples citoyens. Par exemple, les magistrats ont pour mission de préparer et de mettre en œuvre les lois votées par les différentes institutions. Une fois en fonction, les magistrats étaient constamment surveillés par l'assemblée du peuple et les tribunaux. Lors de ses années républicaines, la ville de Florence a utilisé le tirage au sort dans ses institutions. C'est un système assez compliqué qui est censé garantir l'impartialité et protéger la république des factions. De même, la république de Venise utilisait le tirage au sort pour désigner les membres des comités qui proposaient des noms de candidats au grand conseil. Il est alors considéré comme étant populaire puisqu'il donne un rôle au plus grand nombre et une égalité d'accès aux postes de magistrats pour les citoyens. Dans plusieurs cantons suisses, le tirage au sort fut mis en place jusqu'en 1830 pour décider de l'attribution de certains offices. Le but était de pallier aux problèmes de corruption, de clientélisme ou d'enrichissement personnel en cours de mandat qui subsistait en dépit de certaines formes de contrôle. Ces exemples historiques montrent que le système du tirage au sort des délégués du peuple a fonctionné mais il fonctionne aujourd'hui encore dans quelques pays. L'étude sociologique du tirage au sort comme outil politique a subi un regain d'intérêt dans la recherche académique contemporaine. Plusieurs avantages ont été identifiés : la lutte contre la corruption, le contrôle des extrêmes, la participation citoyenne, la rotation des charges ainsi que quelques avantages psychologiques. De même, la représentation descriptive d'une assemblée tirée au sort garantit que toute caractéristique (sexe, âge, etc...) qui apparaît dans la population générale sera présente dans une proportion similaire dans l'assemblée tirée au sort.

D'autres mesures, assez simples au demeurant, pourraient être mises en œuvre sans changer de Constitution. Elles permettraient de nous doter d'une République plus démocratique. Il s'agit de reconnaître par exemple le vote blanc, de rendre le vote obligatoire, de mettre fin au cumul des mandats ou de faire participer plus fréquemment les citoyens par l'instauration de plusieurs types de référendums.

La reconnaissance et la prise en compte du vote blanc ne pourraient fonctionner à mon avis qu'en même temps que l'instauration du vote obligatoire. Cela permettrait de réduire très fortement le problème de l'abstention mais aussi de reconnaitre le mécontentement éventuel des électeurs face à l'offre politique. Au-dessus d'un certain seuil de votes blancs, qui reste à définir, l'élection devrait être renouvelée. De plus, le vote blanc permet de mesurer plus finement la légitimité d'une décision politique ou d'un élu. Si une personne est élue avec peu de bulletins blancs, ses décisions seraient peut-être mieux comprises et respectées. Enfin, un électeur qui n'aurait pas trouvé de candidat correspondant pourrait néanmoins manifester son intérêt à la chose publique en déposant un bulletin blanc dans l'urne.

On dit souvent que l'instauration du vote obligatoire en France serait difficile à mettre en œuvre mais je ne le crois pas. Actuellement dans le monde, vingt-deux pays ont des lois qui rendent le vote obligatoire mais tous n'appliquent pas des sanctions pour les électeurs qui ne se rendent pas aux urnes. Si certains pays le font, la France peut donc aussi le faire sans trop de difficultés et sans modifier la Constitution actuelle. Dans la même lignée et idée, il faudrait inscrire automatiquement les personnes majeures sur les listes électorales mais jusqu'à présent les institutions et les divers gouvernements français ont toujours considéré que voter était plus un devoir moral qu'un droit.

Une autre proposition pour améliorer l'implication des citoyens dans les débats politiques est le système du référendum, ou pour employer une formule plus moderne : la consultation citoyenne. Un référendum populaire est un processus de démocratie participative qui permet à un certain nombre de citoyens, fixé et déterminé dans la Loi, de demander au Parlement d'examiner une proposition ou un projet de loi, ou plus simplement une question législative. Ce référendum possède un caractère obligatoire au contraire d'une pétition. Le référendum populaire existe aujourd'hui dans trente-six pays même si les modalités d'application varient sensiblement d'un pays à l'autre. Une fois que la question soumise au référendum obtient la majorité elle s'appliquerait et le Président de la République devrait automatiquement la valider par la signature d'un décret publié au Journal Officiel.

Un autre type de référendum s'appelle le référendum révocatoire. Il devrait s'appliquer à tous les élus : sénateurs, maires, députés, conseillers départementaux et régionaux. Il s'agit de procéder au bout d'un certain temps, généralement à mi-mandat selon ses promoteurs, à une nouvelle élection si une majorité d'électeurs se mobilisent et en font la demande. Si l'élu concerné obtient la majorité des votes il est maintenu dans ses fonctions sinon il est révoqué. Bien sûr pour éviter les abus, certains critères doivent être réunis : que la moitié ou plus des électeurs demandent une nouvelle élection, que cette procédure soit limitée dans le temps et avec une date limite pour être activée. Cela pousserait tous les élus à se consacrer entièrement à leur mandat et à rien d'autre. Cela les inciterait également à rendre compte plus souvent de leurs actions auprès de leurs électeurs. Cela appelle aussi bien sûr à refonder totalement le statut des élus et à imposer véritablement et concrètement le non-cumul des mandats.

En France le cumul des mandats électifs et exécutifs est une vieille tradition politique qui fait figure d'exception dans les pays occidentaux. Ainsi, en 2012, 82% des députés et 77% des sénateurs exerçaient au moins un autre mandat électif. Cependant, avec l'adoption des lois du 14 février 2014, le cumul d'un mandat de parlementaire et d'un mandat exécutif local (maire par exemple) est interdit à partir de 2017. Le cumul des mandats est d'autant plus critiquable que l'un, voire plusieurs, des mandats exercés demande un travail important et peut être chronophage avec par exemple la gestion des collectivités d'une taille non négligeable. Il génère des tendances à l'absentéisme au sein des instances élues et il dégrade la qualité du suivi des politiques publiques par les élus. Le cumul des mandats réduit forcément le temps consacré à chaque dossier. Il y a également un risque de conflit d'intérêts entre les différentes fonctions et responsabilités exercées. De plus, le cumul des mandats est, selon moi, contraire au principe constitutionnel de séparation des pouvoirs parce que le législateur (député ou sénateur) ne doit pas être celui qui exécute et applique la loi (maire, président de conseil départemental ou régional). Cela ne facilite pas le contrôle démocratique de l'usage de l'argent public, car les responsabilités sont confiées à un nombre limité de personnes. Enfin, l'argument selon lequel le cumul des mandats serait nécessaire pour assurer la proximité entre les députés et le terrain n'est pas valable, car ceux-ci ont un bureau (appelée permanence) dans leur circonscription : ils reçoivent de nombreuses personnes, ils sont souvent invités à des manifestations et festivités locales et ils sont régulièrement en contact avec les maires de leur circonscription.

Simplifier pour être plus efficace ?

Cela fait plusieurs années, et déjà quand j'étais adolescent, que j'entends parler de simplification administrative et de réforme de l'Etat. Qu'est-ce que cela signifie fondamentalement si les hommes politiques évoquent cette question quasiment quotidiennement ? Réformer pour le simple plaisir de réformer ? Faire croire aux citoyens que l'on agit parce que l'on réforme ? Engager une réforme ou des réformes pour 'recaser' des amis politiques ? Ou est-ce plus profondément une vision, une conception politique pour vouloir réduire au minimum l'intervention de l'Etat dans beaucoup de domaines et maintenir son action dans des fonctions uniquement régaliennes ? C'est, je crois, un peu tout cela à la fois. En premier lieu il faudrait changer de vocabulaire et remplacer le mot de 'réforme' par celui de 'simplification' qui est plus concret et compréhensible par tous.

Tout d'abord il faudrait simplifier et clarifier l'organisation territoriale de la France. Il y a actuellement beaucoup trop d'échelons administratifs et de collectivités territoriales. Entre les régions, les départements et les communes, il existe les intercommunalités, les communautés de communes, les communautés urbaines, les communautés d'agglomération sans compter les syndicats intercommunaux, les syndicats départementaux et d'autres diverses structures interrégionales. C'est beaucoup trop, car on ne sait plus qui fait quoi et en plus leurs compétences et leurs attributions empiètent parfois les unes sur les autres. Par exemple les communes s'occupent des écoles, les départements des collèges et les régions des lycées. C'est une organisation alambiquée et compliquée qui génère en plus certaines inégalités de territoire selon que la collectivité concernée est plus ou moins riche. De même, l'investissement, les aides sociales ou la formation professionnelle sont partagés entre plusieurs structures et collectivités. Une solution ? Oui et je n'en citerai qu'une, bien qu'il en existe plusieurs, pour l'instant : il s'agirait de retirer aux collectivités territoriales la clause de compétence générale et de redéfinir clairement les attributions de chacune. Cela permettrait de faire en plus des économies budgétaires et chaque collectivité pourrait concentrer ses efforts sur un domaine précis au lieu de se disperser comme aujourd'hui. Une autre solution consisterait à supprimer certaines collectivités, comme par exemple les régions, les communautés de communes et les communautés d'agglomération.

L'objectif affiché, et proclamé par ses promoteurs, de la réforme de l'Etat est inspiré par le concept de nouvelle gestion publique (NGP). Le but est généralement de réduire les coûts de fonctionnement et d'améliorer le service rendu aux usagers du Service Public. Selon l'OCDE (Organisation de Coopération et de Développement Economique) la réforme de l'Etat est nécessaire pour accroître la performance de celui-ci. Elle consiste généralement à faire passer l'Etat d'un fonctionnement administratif à un fonctionnement gestionnaire, d'un système bureaucratique à un ensemble de mécanismes inspirés de la NGP. Ce type de changement est toujours un effort et ne peut être que motivé par le sentiment que les choses méritent un changement important, donc une situation perçue comme difficile. Ce critère est invoqué dans la presque totalité des pays ayant entamé un processus de réforme de l'Etat. Mais la confusion doit cependant être évitée : la réforme de l'Etat et la transformation de la société sont deux choses bien distinctes. En effet transformer une administration en entreprise de droit commun ou supprimer le statut de fonctionnaire relève bien d'une réforme mais cela n'affecte principalement que l'Etat et ses agents. Inversement, libéraliser le marché de l'électricité, par exemple, a une forte influence sur la société sans pour autant nécessiter une réforme de l'Etat.

Dans un premier temps la mondialisation de l'économie a poussé les Etats à rendre plus attractifs leurs territoires en agissant notamment sur la fiscalité. Ces tentatives de réduction de la fiscalité ont incités les Etats à diminuer leurs dépenses en dépit de l'aspiration des populations à de meilleurs services publics. C'est pourquoi la voie choisie fut le plus souvent la recherche de productivité au sein des services publics. Cette recherche de la performance au sein des administrations s'est traduite par un recours plus fréquent à des agences publiques ou privées autonomes. Même si l'Etat a toujours eu, au moins en France, une forte composante administrative, il est logique de s'interroger sur la raison pour laquelle aujourd'hui la réforme de l'Etat est devenue synonyme de réforme de l'administration et pourquoi s'il en est ainsi on parle de réforme de l'Etat qui a un sens beaucoup plus large que la simple administration (cf. le 1er chapitre).

Les gouvernements successifs ont présenté la réforme de l'Etat comme un chantier important. Selon la théorie libérale, et surtout néolibérale, le secteur public en France dépense trop, le niveau des dépenses publiques et des prélèvements obligatoires est trop élevé et poserait des difficultés à la France dans le cadre de la mondialisation économique et de la mise en concurrence des diverses économies. Cependant, la question que met en avant la réforme de l'Etat est celle de l'efficience du système de gestion publique qui est néanmoins très difficile à mesurer. Le but théorique affiché est de rendre l'administration soi-disant plus efficace et moins coûteuse. C'est-à-dire qu'il faut optimiser l'utilisation des crédits pour atteindre des objectifs fixés pour chaque programme en répondant aux attentes des citoyens et des usagers.

La Nouvelle Gestion Publique (NGP) a pour but d'améliorer le rapport coût-efficacité du service grâce à une modernisation accrue et un plus grand pragmatisme de gestion au sein des administrations publiques. La NGP est un concept né dans les années 1970 qui veut nier, ou en tout cas minimiser au maximum, toute différence de nature entre une gestion publique et une gestion privée. En conséquence elle réclame une approche soi-disant pragmatique et un meilleur partage des rôles entre le pouvoir politique, qui prend les décisions, et le niveau d'exécution, l'administration. Les citoyens sont alors considérés comme des consommateurs, ou des clients, de services publics et non comme des usagers. La NGP prône donc l'application au secteur public des méthodes de gestion existantes dans le secteur privé. Tout cela est très séduisant en apparence mais dans un système démocratique le secteur public pose un but qui est clair : gouverner par le peuple et pour le peuple tandis que le secteur privé recherche uniquement le profit. En effet, le service public parait plus apte à garantir l'intérêt général que le secteur privé. De plus, la responsabilité d'un dirigeant d'entreprise face à ces actionnaires est différente de la responsabilité d'un Service Public face au gouvernement. D'ailleurs la Loi reconnait cette différence puisqu'il existe des tribunaux administratifs pour régler les contentieux spécifiques au secteur public.

Plutôt que de parler constamment de 'Réforme de l'Etat', expression floue et générale, il vaudrait mieux employer le terme de simplification. Une simplification qui doit s'organiser et se déployer dans plusieurs domaines. La simplification administrative n'implique pas forcément une réduction du nombre de fonctionnaires ou la fermeture de Services Publics contrairement à la réforme de l'Etat.

Premièrement, il faudrait simplifier le droit et les procédures administratives. La Loi française est complexe, ce qui fait que les citoyens français ont souvent beaucoup de mal à faire valoir leurs droits. Sans compter que pour entamer une procédure judiciaire il faut très souvent faire appel à un avocat, ce qui implique d'avoir des moyens financiers conséquents. Des tentatives de simplification ont été menées par plusieurs gouvernements mais les résultats restent modestes et les effets concrets trop lents pour être véritablement efficaces. De même, on ne cesse de réclamer la simplification des procédures administratives mais cela reste encore trop lent et peu efficace. Certes, l'arrivée des outils informatiques et d'Internet a permis à certaines administrations de faciliter pour certaines personnes les démarches et d'éviter l'envoi de documents papier à plusieurs reprises. Cependant, l'Etat s'est servi outrageusement de cet argument pour fermer des bureaux et regrouper les services dans de grandes villes, ce qui a de fait éloigné de nombreux français des Services Publics, notamment les personnes âgées qui ne maitrisent pas correctement les outils informatiques.

Commet procéder pour être efficace ?

Si l'on peut collectivement être d'accord pour simplifier le fonctionnement de l'Etat et des administrations, il reste à s'interroger comment le faire. Tout d'abord il faudrait peut-être passer de la conception d'un Etat-gendarme, qui contrôle les citoyens, à un Etat qui fait a priori confiance à ces citoyens. Cela aurait pour conséquence de diminuer le nombre de documents que l'on demande pour obtenir une quelconque aide ou subvention. Certes, on peut utiliser les nouveaux outils de communication (Internet et informatique) mais pas au détriment de la suppression de la correspondance postale et des documents papier.

Simplifier implique que l'on change d'état d'esprit et d'optique dans la gestion des Services Publics mise en place depuis le début des années 1980. Il faut arrêter de privatiser certains services et de transférer des compétences étatiques à des agences privées ou des collectivités territoriales. On constate qu'au bout de cinquante ans cela ne fonctionne pas et qu'en plus cela ne réduit pas forcément le montant des impôts payés. De même il faut arrêter de fermer les implantations locales des différents services publics, car cela éloigne géographiquement les citoyens de ceux-ci et fait grandir le sentiment, au sein de la population, d'être un 'inutile', un 'déclassé' ou un 'délaissé'. Attention, car cela peut être le terreau de révoltes qui pourraient être violentes.

Simplifier signifie aussi d'arrêter de produire en permanence des statistiques et des rapports sur le fonctionnement de l'Etat pour savoir s'il est efficace plutôt que de se concentrer sur les missions dévolues à l'Etat. Il est plus efficace de faire rentrer l'impôt dans les caisses de l'Etat que de savoir si les agents du ministère des Finances sont jugés performants par leurs supérieurs. Il est préférable qu'un professeur ou un instituteur soit devant des élèves que de lui faire remplir des tableaux pour savoir s'il est en avance ou en retard sur le programme scolaire. Il vaudrait mieux que les policiers et les gendarmes fassent des enquêtes sérieuses, et donc chronophages, sur les grands trafiquants et délinquants plutôt que de se consacrer principalement à la petite délinquance pour augmenter artificiellement le taux d'élucidation des affaires.

Pour atteindre ces deux objectifs, et je ne parle volontairement que de ces deux-là pour ne pas alourdir mon propos, il faudrait une réelle volonté politique transpartisane. Est-ce possible et réalisable à brève échéance ? J'aimerais y croire mais connaissant le climat politique actuel et les groupes de pression en présence, je n'en suis pas convaincu. Ou du moins à brève échéance. Néanmoins il s'agit de ne pas désespérer en tenter de convaincre petit à petit les hommes politiques du bien-fondé des idées que je développe ici. Mais peut-être faudrait-il aussi remettre en cause certains articles des traités internationaux, et surtout européens ? Cela risque d'être difficile, car l'Union européenne est, à mon avis, prisonnière d'une idéologie libérale qui empêche d'envisager une autre construction fondée sur l'avis des peuples européens et des élections pour toutes les institutions européennes. Evoquons donc maintenant l'Union européenne et les différents niveaux de souveraineté.

L'Union européenne et la souveraineté

Aujourd'hui l'Union européenne (UE) est une union politico-économique réunissant vingt-sept pays qui délèguent ou transfèrent par des accords écrits certaines compétences à des structures créées ex-nihilo pour cela. L'UE est régie par le traité de Maastricht (1992) et le traité de Rome (1957). La partie institutionnelle de cette union d'Etats est en partie supranationale et en partie intergouvernementale. Ainsi le Parlement Européen (PE) est élu au suffrage universel direct tandis que le Conseil Européen (CE) et le Conseil de l'UE (C.UE) sont composés de représentants désignés par les Etats membres.

L'histoire de la création de l'UE est ancienne et complexe. Au lendemain de la Seconde Guerre mondiale, certains pays recherchaient alors un modèle de coopération et d'intégration qui mettrait l'Europe à l'abri d'une nouvelle guerre. En 1951, à Paris, six pays (France, Allemagne, Belgique, Luxembourg, Italie et Pays-Bas) discutent et s'accordent pour favoriser les échanges de matières premières (surtout le charbon et l'acier) nécessaires au secteur sidérurgique pour accélérer la reconstruction après la guerre. Cette initiative aboutira en 1957 à la signature du traité de Rome qui est l'acte fondateur de la création de Communauté Economique Européenne (CEE) qui se voulait aussi être une réponse d'indépendance vis-à-vis des USA, du plan Marshall et de l'OCDE. Le but était d'aboutir économiquement à un marché commun permettant la libre circulation des personnes, des marchandises et des capitaux. Enfin, le traité de Maastricht est signé le 7 février 1992. L'UE prend la suite du marché européen et de la CEE. Cela marque une nouvelle étape dans le processus d'union sans cesse plus étroit entre les différents pays de cette union. A cette occasion il est décidé de créer une monnaie unique placée sous la tutelle d'une Banque Centrale Européenne (BCE) indépendante vis-à-vis des Etats membres.

Au regard du droit international, l'UE dispose de la personnalité juridique et son statut résulte d'un traité qui ne peut être modifié que par l'accord unanime de tous les signataires. L'UE présente par ailleurs des aspects étatiques, comme la monnaie unique ou la citoyenneté, mais elle ne peut être toutefois être qualifiée d'Etat, n'ayant ni la compétence générale ni le monopole de la force légitime. En effet, comme dans une fédération il existe une entité supérieure aux Etats mais bien que les compétences de celles-ci dans certains domaines relèvent d'un transfert de souveraineté, les Etats membres restent unitaires. On ne peut que constater que la construction européenne a toujours hésité entre une voie intergouvernementale (où les Etats conservent l'ensemble de leurs prérogatives) et fédérale (où une partie de la souveraineté des Etats est déléguée à l'UE). Le fonctionnement de l'UE est souvent dénoncé comme insuffisamment démocratique. L'une des principales critiques porte sur les suites données aux référendums mais aussi sur le fait que la majorité des institutions européennes sont désignées et pas élues.

En effet, par exemple, le Conseil Européen (C.UE) est une institution qui réunit les chefs d'Etat ou les chefs de gouvernement des vingt-sept Etats membres. Ces sommets, au moins quatre par an, ont pour but de définir les grands axes de la politique européenne, surtout dans le domaine de la politique étrangère. En 1959-1961 le président français, Charles de Gaulle, souhaitait modifier le caractère supranational de la CEE et transformer sa structure parce qu'il pensait que : « *se figurer qu'on peut bâtir quelque chose qui soit efficace pour l'action et qui soit approuvé par les peuples en dehors et au-dessus des Etats est une chimère* ». Mais en 1974, de nouveaux chefs d'Etat et de gouvernement considéraient, à l'occasion du Sommet de Paris, qu'une unification européenne approfondie nécessitait de forts engagements politiques en matière financière, monétaire, énergétique et économique.

De même, la Commission Européenne (CE), instituée par le traité de Rome de 1957, est composée d'un commissaire désigné par chaque Etat membre, soit au total vingt-sept commissaires. Ceux-ci sont proposés par les chefs d'Etat ou de gouvernement et approuvés par le Parlement Européen (PE). La fonction principale de la CE est de mettre en œuvre les politiques communautaires et de proposer des directives ou des règlementations devant s'appliquer à tous les Etats membres. La CE a été pensée à l'origine comme une institution garante de l'intérêt communautaire et qui par ses propositions puisse favoriser l'adoption d'avancées qui auraient été sans doute plus difficiles à obtenir dans le cadre d'institutions intergouvernementales. Les Commissaires sont nommés pur un mandat de cinq ans et ils sont choisis, en principe et en théorie, en raison de leur compétence dans un domaine précis. Pourtant, l'histoire des différentes et dernières CE nous enseigne qu'en réalité il n'en est rien. La plupart des commissaires européens sont d'anciens ministres des différents Etats, qui n'ont pas forcément réussi dans leurs propres pays, et que l'on 'recase' à la CE pour différentes raisons plus ou moins avouables.

Contrairement aux autres institutions de l'UE, le Parlement (PE) est élu au suffrage universel direct. Composé actuellement de 705 députés, il propose des lois qui doivent être examinées par le C.UE et la CE.

La question que pose le fonctionnement actuel de l'UE est celle de la souveraineté populaire des citoyens européens. La définition juridique aujourd'hui retenue est celle énoncée par le juriste français Louis Le Fur (1870-1948) à la fin du XIXe siècle, à savoir : « *La souveraineté est la qualité de l'Etat de n'être obligé ou déterminé que par sa propre volonté dans les limites supérieures du droit et conformément au but collectif qu'il est appelé à réaliser* ». En France, la souveraineté est définie dans la Constitution de 1958.

La souveraineté se traduit également en droit par la notion de pouvoir constituant qui édicte des normes juridiques. Dans la théorie classique de la hiérarchie des normes, ces normes sont supérieures à toutes les autres. Cette hiérarchie est cependant mise à mal par les questions de la transformation de la souveraineté, notamment au regard du développement du droit international et surtout de l'intégration européenne. Le concept de souveraineté n'est donc en principe qu'étatique mais on voit apparaitre aujourd'hui un concept de souveraineté qui s'applique à d'autres domaines. En effet, depuis la fin de la guerre froide en 1989, la mondialisation transforme la notion de souveraineté en ne la faisant plus dépendre exclusivement des Etats. La souveraineté, par le biais de transferts de compétences, est de plus en plus attaquée à la fois au niveau international mais aussi au niveau national et régional. La construction européenne est l'exemple même de ce type de phénomène. Elle 'est trouvée à certains moments en contradiction avec la notion de souveraineté et ce problème ne sera jamais résolu tant que les institutions européennes ne seront pas légitimées par des élections. Il s'agit donc, pour améliorer le fonctionnement de l'UE, de mettre en place de nouvelles institutions inspirées par un modèle plus démocratique. En France également nos institutions sont actuellement à bout de souffle et il faudrait en créer de nouvelles bien plus démocratiques elles aussi.

De nouvelles institutions publiques françaises

Les institutions publiques et politiques actuelles sont en France définies et encadrées par la Constitution de 1958, instaurant la cinquième République. Pour bien comprendre ces institutions, il faut revenir sur l'histoire de cette constitution.

Cette constitution fut rédigée en pleine guerre d'Algérie. Le putsch d'Alger, menée par quelques généraux et sous-officier de l'Armée, provoque une grave crise politique. Pour résoudre cette crise le président de la République (PR), René Coty, demande à Charles de Gaulle de revenir au pouvoir et de former un nouveau gouvernement. Il accepte cette proposition à condition de pouvoir gouverner par ordonnances et de pouvoir modifier la Constitution de la quatrième République. Dès le début on voit donc que le Général de Gaulle veut 'avoir la main' sur les institutions et être libre de décider ce qui lui semble utile pour régler la crise algérienne et le processus de décolonisation. Le Parlement, qui est très affaibli à cause des multiples gouvernements qui se succèdent, accepte les conditions du Général de Gaulle et adopte la loi constitutionnelle du 3 juin 1958 qui autorise le nouveau gouvernement à proposer une modification de la Constitution tout en soumettant cette révision à des conditions de forme et de fond.

C'est la loi qui met fin au régime de la quatrième République, car elle déroge transitoirement à l'article 90 de la Constitution de la quatrième République. Ce fameux article 90 précisait et encadrait la révision de la constitution. Sous la pression politique du nouveau gouvernement, de la crise algérienne et aussi en raison de l'aura historique, encore vivace, du Général de Gaulle elle autorise le gouvernement à rédiger une nouvelle constitution. C'est ici qu'apparaissent les divergences de compréhension historique et du droit constitutionnel. En effet, la tradition de révision constitutionnelle veut qu'une nouvelle Constitution ne puisse être l'œuvre que d'une assemblée élue à cet effet. Or la loi du 3 juin 1958 déroge à cette règle, car elle donne mission au gouvernement, donc à un petit nombre de personnes non élues, de rédiger une nouvelle constitution. Le Parlement, légitime pour réviser la Constitution, est exclu du processus. Un autre argument, celui-ci plus juridique et difficilement contestable, veut que le pouvoir législatif appartienne au peuple, et donc à ses représentants élus, et que par conséquent un pouvoir délégué ne peut pas de lui-même délégué à son tour ce pouvoir. Cependant Charles de Gaulle en usant de son habileté politique et de sa connaissance des hommes, et donc de leurs forces et faiblesses, jouera avec une certaine imprécision du texte constitutionnel pour déroger à la tradition démocratique française.

En effet, cette Constitution de 1958 est marquée par la volonté d'avoir un pouvoir exécutif fort et puissant. Elle accorde un poids institutionnel très important au président de la République et au Premier ministre (PM). Toutefois elle reste fondée sur une séparation souple et mouvante entre le pouvoir exécutif et législatif. C'est sans doute une des raisons pour laquelle elle est la plus stable et longue que la France ait connue, en dépit des nombreuses et petites révisions sur des points particuliers (vingt-sept jusqu'à aujourd'hui). Revenons un petit peu à la procédure qui a permis l'adoption de cette nouvelle Constitution pour la France.

Revenu au pouvoir (Président du Conseil), le Général de Gaulle forme à partir du 4 juin 1958 un comité informel et réduit chargé de rédiger une ébauche de Constitution. Le 15 juin 1958, le Comité Consultatif constitutionnel (CCC) est créé (je reviendrai plus loin sur cette instance) et il reprend les travaux préparatoires. Durant ce processus on peut distinguer 3 grandes étapes :

- La première phase débute le 15 juin 1958. Deux organes participent à la préparation de l'avant-projet de la nouvelle Constitution : un comité d'experts présidé par Michel Debré (le Garde des Sceaux), constitué de hauts fonctionnaires et un comité interministériel où participent certains membres du gouvernement. Ces deux comités s'appuient sur les différentes propositions faites par les divers partis politiques. Durant l'été 1958, Michel Debré et trois autres membres du comité d'experts s'isolent au château de La Celle, situé dans le département des Yvelines, pour finaliser la rédaction de l'avant-projet.

- La deuxième étape voit apparaitre l'intervention du CCC qui propose quelques changements mineurs au texte initial.
- La dernière étape est l'intervention du Conseil d'Etat qui examine le texte de la nouvelle Constitution et qui l'approuve le 15 août 1958.

Le texte de la nouvelle Constitution est adopté le 28 Septembre 1958 par les citoyens à l'occasion d'un référendum et la Constitution de la cinquième République est promulguée par le Chef de l'Etat, René Coty, le 4 Octobre 1958. Voilà c'est fait, c'est fini et tout cela fut réalisé entre Juin et Octobre 1958, soit en moins de six mois ! On peut donc dire que le Général de Gaulle a réussi son coup. La nouvelle Constitution fut donc écrite très vite (trop vite ?) par un petit (trop petit ?) nombre de personnes. Cela pose évidemment quelques questions sur le processus de cette révision. En effet, l'emploi par le Général de Gaulle de l'article 11 de la Constitution de la 4ème République a lancé un vif débat sur la légitimité de ce choix, car l'unique article prévoyant explicitement la révision était l'article 90. L'utilisation de l'article 11 permettait de se passer de l'avis des deux assemblées, ce qui a provoqué une polémique juridique et politique non encore résolue à ce jour.

De plus, cette procédure de révision a été principalement conduite par le gouvernement et le CCC. Ce comité était formé par des membres du Parlement et par des personnes désignées par le gouvernement. Cependant, ce CCC, chargé de proposer une nouvelle Constitution, n'avait aucune légitimité parce qu'il n'avait pas reçu un mandat du peuple français pour cela. A mon avis la Constitution de 1958 est basée sur un vol de souveraineté, car le peuple ne s'est prononcé sur la rédaction de celle-ci. Il a juste validé (mais les citoyens ont-ils eu le temps de lire le texte ?) par référendum la nouvelle Constitution.

Dès lors, comment continuer avec cette Constitution, créée, on vient de le voir, d'une façon peu démocratique et qui accorde un pouvoir considérable au Président de la République et au Gouvernement. Il faudrait rééquilibrer les trois pouvoirs (exécutif, législatif et judiciaire) pour avoir des institutions plus démocratiques et qui prendraient plus souvent en compte la volonté des citoyens. Il est nécessaire de créer de nouvelles institutions publiques respectant les principes fondamentaux de notre République.

Les principes fondamentaux reconnus par les lois de la République (PFR) sont des principes qui ont une valeur constitutionnelle. Ces principes essentiels du droit français, créés par le législateur mais non écrits dans la Constitution, comme l'indépendance de la justice ou encore celui par exemple de la liberté d'association, s'imposent alors à tout le monde et aux administrations publiques. Ces principes ont été jugés, au cours de l'histoire, jugés par le Conseil Constitutionnel comme ayant une valeur supérieure à toutes les lois et les normes juridiques actuelles. Ces principes sont en droit français des principes devant être respectés par l'Etat. C'est une création juridictionnelle, c'est-à-dire qu'ils n'ont pas été écrits dans la Constitution mais reconnus comme indispensables tout au long de l'histoire. Citons-les pour avoir en tête les principes que nos lois doivent respecter. Il s'agit de la liberté d'association, de la liberté d'entreprendre, le droit au respect de la vie privée, la liberté d'enseignement, la liberté de conscience, l'indépendance de l'autorité judiciaire, le droit à une défense pour tout personne accusée, la liberté de déplacement, le droit à un logement digne, le respect de la dignité humaine, le principe d'un droit spécifique pour les mineurs, le respect de la propriété privée et le principe de continuité de fonctionnement de l'Etat et des Services Publics. En conséquence, toutes nos lois, tous nos fonctionnaires, toutes nos institutions et nos administrations publiques devraient se conformer à ces principes constitutionnels. Malheureusement ce n'est pas toujours le cas. Il nous faut donc refonder l'architecture de notre République et pour cela écrire une nouvelle Constitution.

En effet, en contradiction avec ce que disent les thuriféraires de cette Constitution, celle de la cinquième République, et notamment sur sa stabilité, il faut dire que depuis 1958 elle a subi vingt-quatre modifications et la plupart de ces modifications se sont faites sans l'aval des citoyens. Certains osent même employer l'expression et le terme de 'monarchie présidentielle', car effectivement dans notre régime constitutionnel actuel, le président de la République cumule les fonctions chef de l'Etat, de chef des armées et celles de fait de chef du gouvernement et de la majorité parlementaire, en particulier depuis l'instauration du quinquennat, institué pour éviter les périodes de 'cohabitation'. De plus, le président de la République n'est responsable devant personne et devant aucune juridiction ou institution. Elu pour cinq ans, il est protégé de toute procédure judiciaire et l'article 68 qui prévoit la destitution est extrêmement difficile à mettre en œuvre. Il peut donc revenir en toute impunité sur ses engagements de campagne électorale et faire le contraire de ce qu'il a annoncé. C'est une des causes qui provoquent l'augmentation des votes blancs et de l'abstention aux élections. Les citoyens ne se sentent plus impliqués dans les décisions qui les concernent. La cinquième République n'organise pas le dialogue entre les citoyens et leurs représentants. Elle tend à se refermer sur elle-même et fonctionner avec peu de personnes. Je pense que la cinquième République est arrivée à un point de non-retour. Elle ne répond plus aux aspirations populaires ni aux exigences d'organisation d'une société démocratique.

Par conséquent tous les citoyens doivent pouvoir, s'ils le souhaitent, s'impliquer dans l'écriture collective de notre nouvelle Constitution. Comment procéder en toute légalité ? Tout simplement en élisant une Assemblée, que l'on pourrait nommer 'constitutive', qui n'aurait qu'un seul but : écrire le nouveau texte fondamental de notre République. Cela a déjà été fait dans l'histoire politique de la France. A l'issue des travaux, dont la durée peut être fixée à l'avance par la loi, la nouvelle Constitution serait soumise à l'approbation du peuple par la procédure du référendum. Cette nouvelle Constitution, élaborée, discutée et écrite par des citoyens divers et différents d'origines et de classe sociale et non par un petit groupe d'élus et de hauts fonctionnaires, devrait doter la France d'institutions modernes et démocratiques capables de s'adapter aux évolutions de la société.

Un Etat moderne adapté aux évolutions de la société

Toute société, ou grand rassemblement de plusieurs milliers d'individus a besoin d'une structure et d'une organisation (appelons-là Etat pour simplifier) afin de fonctionner et de faire vivre ensemble, avec un minimum de conflits possibles, ces milliers d'êtres humains. La question principielle, principale et essentielle est de savoir qu'elle est la forme que cet Etat doit prendre et peut prendre. En effet, il faut choisir la meilleure formule possible parce qu'il existe différentes typologies et formes d'Etat. Certes, la meilleure forme possible, mais pour qui et pour quoi faire ? Quel est doit être le but d'un Etat moderne ? Comment doit-il être organisé ? Quels principes doit-il respecter ? Comment peut-il concilier l'intérêt général avec certains intérêts privés ? Il s'agit là de quelques questions qui me paraissent très importantes mais je sais qu'il en existe encore beaucoup d'autres et qu'il serait trop long et inintéressant d'énumérer ici. Cela alourdirait inutilement le propos. En résumé, je crois qu'un Etat moderne doit avant tout rechercher le bien-être de ses habitants.

Certes, la notion de bien-être renvoie à un ensemble de facteurs considérés de façon séparée ou conjointe, comme par exemple la santé, la réussite sociale ou économique, la réalisation personnelle de chacun, l'harmonie avec soi-même et avec les autres, l'investissement associatif, etc. Cette notion de bien-être a fait l'objet d'un intérêt accru de la part notamment de certains psychologues. Depuis les années 1990 il existe un accord assez large sur le plan scientifique pour dire que le bien-être est un phénomène subjectif qui renvoie d'une part à des composantes cognitives (ressortant d'un sentiment de satisfaction) et à des composantes émotionnelles. Santé et bien-être sont bien évidemment indissociables puisque, depuis 1946, l'Organisation Mondiale de la Santé (OMS) définit la santé comme : « *un état de complet bien-être physique, mental et social qui ne consiste pas seulement en l'absence de maladie ou d'infirmité* ». On peut donc considérer en toute légitimité qu'un Etat moderne ne peut pas se désintéresser de ces questions. La question suivante et conséquence de ce postulat est donc de savoir comment l'Etat peut prendre des mesures pour obtenir, ou tenter d'arriver, à un état de bien-être de sa population.

Certains prônent un développement économique et social le plus important possible pour arriver au bonheur de la population. Ce développement économique et social fait référence à l'ensemble des mutations positives (techniques, démographiques, sociales, sanitaires, etc.) que peut connaître une zone géographique déterminée. Il ne faut cependant pas confondre cette notion avec celle de croissance économique. Celle-ci est une composante du développement économique mais elle n'en est qu'un aspect. La différence entre croissance et développement économique est mal perçue dans le grand public. Le bien-être social doit être distingué de la production économique. Le bien-être est pluridimensionnel et d'autres composantes existent à côté du bien-être matériel. La volonté de concilier développement social et progrès économique a amené les sociologues à forger, à côté des indicateurs traditionnels (PNB et PIB) d'autres indicateurs, tel que l'indice de développement humain (IDH) qui prend en compte la santé, l'éducation, le respect des droits de l'homme, etc.... . De plus, d'un point de vue strictement économique l'indicateur le plus souvent utilisé est le Produit Intérieur Brut (PIB) qui est une somme des valeurs ajoutées. Son chiffrage, qui dépend de la comptabilité nationale, est cependant délicat. Comment par exemple chiffrer l'utilisation des services non marchands, les biens publics et le patrimoine historique ? Leur coût et leur utilité économique sont noyés dans les budgets publics par absence de facturation, ce qui ne permet guère de savoir s'ils apportent plus de richesses qu'ils n'en consomment.

De même, l'ONU promeut en 2000 plusieurs objectifs visant à réduire de moitié la pauvreté dans le monde entre 2000 et 2015. Outre la lutte contre la pauvreté, ces objectifs incluent le développement de l'école primaire pour tous, la promotion de l'égalité des sexes et le droit des femmes, la réduction de la mortalité infantile, l'amélioration de la santé maternelle, la lutte contre le SIDA, la malaria et d'autres maladies ou la lutte pour l'environnement. Cependant, il faut bien reconnaître qu'au bout de dix ans, les effets obtenus sont très décevants. En dépit de cette stagnation, l'aide publique au développement est cependant considérée comme impérative, d'une part parce que l'ONU reconnait le développement humain comme un droit et d'autre part parce que les organismes officiels tendent à considérer celui-ci de plus en plus non pas seulement en tant qu'objectif humanitaire ou de solidarité internationale mais aussi comme un objectif réaliste intégré à des considérations sur la sécurité mondiale. En d'autres termes, le lien entre développement économique, réduction des inégalités et la paix semble de plus en plus évident. Le rôle de l'Etat est donc de créer les conditions favorables au développement économique et social du pays.

Pour cela il doit viser à la justice sociale entre tous les habitants. La justice sociale est une construction morale et politique qui vise à l'égalité des droits et prône la nécessité d'une solidarité collective entre les citoyens. Il existe cependant une distinction, certes délicate, entre justice sociale (ou équité) et égalité formelle et théorique. De plus, la justice sociale est aussi une notion qui peut évoluer dans le temps en fonction de l'évolution sociologique d'un pays. La justice sociale implique de traiter de façon différenciée ceux qui ont de gros revenus et ceux qui ont de faibles moyens afin de rétablir un certain équilibre dans la société. Il s'agit en réalité de rétablir une sorte de cohésion sociale parce que la mondialisation a rompu le cercle vertueux entre solidarité et progrès économique. Auparavant le respect envers les institutions et les services publics prenait appui, au moins durant les 'Trente Glorieuses', sur la volonté manifeste de l'Etat de réduire les inégalités de revenus entre les diverses classes sociales. La cohésion sociale a donc pour but de contribuer à l'équilibre et au bon fonctionnement de la société, tandis que la lutte contre les inégalités cherche au contraire à corriger les déséquilibres produits par l'économie de marché et la concurrence entre les agents économiques.

Dans la théorie économique classique, la concurrence désigne la rivalité entre plusieurs agents économiques agissant dans un même marché. Pour les théoriciens libéraux et néolibéraux une situation de concurrence est souhaitable, car elle favorise l'adaptation idéale entre l'offre et la demande, et les consommateurs peuvent ainsi utiliser leur 'raison' et choisir les meilleurs produits vendus au meilleur prix. Toutefois cette vision de l'économie oublie certaines réalités humaines comme par exemple certains biais cognitifs, l'absence d'informations complètes et honnêtes ou encore certaines lois et règlementations administratives. La concurrence pure, libre et non faussée est une vue de l'esprit, car elle n'a jamais réellement existé dans l'histoire. En effet, les hommes politiques et les fonctionnaires ne se conduisent pas comme le feraient les consommateurs et les producteurs dans la théorie économique classique, étant donné qu'ils ne défendent pas les mêmes intérêts. De plus, toutes les différentes formes institutionnelles n'ont pas le même pouvoir dans le fonctionnement de l'économie. Certains dominent mais elles ne sont que le reflet des relations des pouvoirs qui s'expriment dans les coalitions et relations politiques. L'Etat intervient de façons différentes dans les fonctions institutionnelles et son ingérence est indispensable dans la régulation de la concurrence parce qu'il est nécessaire de mettre des barrières à la conquête d'un pouvoir monopolistique par certaines grandes firmes. Le marché, quel qu'il soit, ne peut pas fonctionner sans certaines règles, fixées démocratiquement par l'Etat.

Certes, il est utile qu'il y ait une croissance économique pour qu'il y ait un progrès économique et social, mais il est aussi nécessaire qu'existe une certaine redistribution des richesses produites pour maintenir la cohésion de la société. La redistribution des richesses est un ensemble de transferts économiques entre les agents économiques d'un pays (entreprises et citoyens par exemple) organisé par les autorités publiques en fonction de divers objectifs. Ces transferts peuvent être de divers ordres, comme par exemple : la recherche d'une justice sociale de façon à réduire les écarts de richesse entre les individus, la recherche de la paix sociale, financer la solidarité nationale pour fournir des prestations sociales, les retraites, la lutte contre la pauvreté ou encore le développement d'une politique nataliste. Ces mesures sont souvent d'ordre fiscal et social (prélèvements, impôts, subvention, etc.). Cette redistribution peut se faire sous forme monétaire (aide financière directe, allocation, etc.) ou en déduction d'impôts et de taxes. Le besoin d'une redistribution des richesses fait à peu près consensus dans la société, ne serait-ce que pour assurer un minimum d'égalité des chances au départ de la vie. Néanmoins, l'ampleur et les formes optimales de cette redistribution fait encore débat dans la société française.

Même si cela n'est pas entièrement vrai, les plus libéraux des hommes politiques français osent parler d'Etat-providence (EP) et d'assistanat. Généralement on définit l'EP comme un Etat dans lequel les risques et accidents éventuels de la vie sont assurés et pris en charge collectivement par divers mécanismes sociaux. Historiquement, différentes formes d'EP se mettent en place en Europe à des périodes différentes et selon des modalités distinctes. Cette forme d'Etat s'oppose à la conception libérale d'un Etat limité à des fonctions d'ordre public et de sécurité qui favorise plutôt l'individualisation des risques. Dans un EP la Sécurité sociale et les aides sociales sont établies en vue d'une indemnisation par l'administration des citoyens victimes des aléas de la vie. Le chômage, la maladie, les accidents du travail, la vieillesse, le décès d'un parent pour un mineur doivent être des risques qui ne peuvent être pris en compte que par la collectivité. L'objectif de l'EP est alors d'apporter un minimum de ressources à ces personnes pour qu'ils puissent vivre mais aussi de leur faciliter l'accès à des besoins essentiels comme l'éducation, la nourriture ou un logement.

L'Etat-Providence s'est progressivement mis en place au cours de l'histoire. Celui-ci se distingue des œuvres de charité, généralement placées sous la tutelle de l'Eglise et de ses multiples congrégations, par la mise en place progressive d'un système d'assurances. Les assurances se sont originellement développées dans le domaine du transport maritime. A partir du XVIIIe siècle, on imagine de transposer ce modèle d'assurances à la protection des personnes. Mais il faudra attendre, essentiellement pour des raisons morales, la fin du XIXe siècle pour que l'on mette en place un système assurantiel. Dans la plupart des pays occidentaux, la pression politique des mouvements ouvriers pousse les gouvernements à adapter la législation. Par exemple, celle du travail des enfants est progressivement mise en place. La plupart de ces mesures restent pourtant minimales. Si la Première Guerre mondiale ne s'accompagne pas encore de la mise en place d'un EP, elle joue pourtant un rôle majeur en créant un précédent avec l'intervention massive de l'Etat dans l'économie. L'Etat va pourtant se désengager une fois l'armistice de 1918 conclue mais de nombreuses et nouvelles dépenses ne peuvent être évitées : entretien des orphelins et mutilés de guerre, reconstruction des régions dévastées, etc. Les périodes d'après-guerre constituent ainsi des périodes de renégociation du contrat social. Progressivement le mode de financement de la Sécurité sociale s'est complexifié, notamment en raison des changements démocratiques et de l'accroissement des dépenses, surtout celles liées au vieillissement de la population. En effet, plus l'économie se développe, plus l'Etat doit investir en infrastructures publiques (réseaux de communication, écoles, universités, hôpitaux, etc.).

Néanmoins, l'objectif de protection sociale à travers l'EP est majoritairement, sinon unanimement, défendu par les politiques français. Tout le monde reconnaît désormais le rôle incontournable de l'EP pour maintenir la cohésion sociale. L'important est maintenant de le repenser de sorte qu'il puisse continuer à jouer pleinement son rôle. Certains proposent des aménagements pour répondre à de nouvelles priorités : instauration d'un revenu universel, sécurité sociale professionnelle, primauté donnée aux politiques de prévention, etc.

CONCLUSION

Arrivé au terme de mes réflexions, je voudrais préciser quelles étaient mes intentions lorsque j'ai commencé l'écriture de ce livre. Premièrement, je voulais décrire et expliquer quelques notions et termes fondamentaux parce qu'il me semble que dans le débat public actuel on mélange un peu tout, sans doute pour empêcher les citoyens français d'être pleinement informés et conscients des enjeux politiques. Deuxièmement, il me semblait important d'expliquer comment fonctionne l'Etat français, les administrations et les services publics, car je crois que la majorité de mes compatriotes se fait une fausse idée de qui est responsable de quoi. A mon avis, on a trop souvent tendance à critiquer à tort les fonctionnaires alors qu'ils ne font qu'appliquer des mesures décidées par d'autres personnes, en l'occurrence le chef de l'Etat, le gouvernement et les parlementaires. Enfin, je souhaite que l'on réfléchisse sérieusement à ce que doit être un Etat moderne et adapté aux modifications rapides et profondes de la société. En effet, nous ne pouvons plus aujourd'hui fonctionner avec des structures, des organismes et des institutions fondées au lendemain de la Seconde Guerre mondiale. Il faut bien reconnaître qu'elles ne sont plus adaptées à des échanges mondiaux globalisés et à la vitesse extraordinaire de transfert des informations.

D'ailleurs on constate que les organisations internationales et intergouvernementales ont développé leurs propres compétences en se dégageant de la volonté propre de leurs composantes qui sont les Etats eux-mêmes. Elles se sont arrogé des pouvoirs supranationaux, certes reconnus par des traités, qui s'imposent aux institutions des pays membres. Certaines organisations non gouvernementales internationales jouent un rôle de plus en plus important dans certains domaines auparavant réservés aux Etats, tels que la distribution alimentaire, la défense des droits de l'homme, l'écologie, etc. On peut aussi se demander quelle est la réalité de la souveraineté des Etats lorsque certains groupes d'entreprises ont plus de moyens financiers et d'influence sur le plan politique que certains Etats. En effet, ces groupes puissants ne sont pas soumis aux obligations les plus basiques du droit international et sont parfois tentés de ne respecter que la règle du profit maximal.

La question essentielle est donc de savoir qu'est-ce que l'Etat et à quoi sert-il ? Sans reprendre toutes les théories sociologiques répondant à cette question, ce que l'on peut retenir c'est qu'en règle générale un Etat est l'expression de la volonté générale des citoyens. Malheureusement, depuis plusieurs années, on constate une perversion de l'idéal démocratique et une propagation foudroyante de l'individualisme, encouragé par le capitalisme et la société de marché. Il est donc nécessaire et indispensable de retrouver dans la vie publique le primat du bien commun sur les intérêts particuliers.

Février 2024

TABLE DES MATIERES

BIBLIOGRAPHIE

1- **AULARD François Victor Alphonse**
"La société des Jacobins", Editions Quantin-1889

2- **BADIE Bertrand / BIMBAUM Pierre**
"Sociologie de l'Etat", Editions Arthème-Fayard-2018

3- **JALLON Hugues / MOUNIER Pierre**
"Les enragés de la République", Editions La Découverte-1989

4- **Comte de MIRABEAU**
"Essai sur le despotisme", 1779

5- **NICOLET Claude**
"L'idée républicaine en France, 1789-1924", Editions Gallimard-1982

6- **ONFRAY Michel**
"Décoloniser les provinces", Editions Flammarion-2017

7- **ROUBAN Luc**
"L'inspection générale des finances, 1958-2000, 40 ans de pantouflage", CEVIPOF-2002

8- **PROUDHON Pierre-Joseph**
"De la nature de l'Etat", Journal 'La voix du peuple'-1849

''Qu'est-ce que le gouvernement ?'', Journal 'La voix du peuple'--1848

Structures éditoriales du groupe L'Harmattan

L'Harmattan Italie
Via degli Artisti, 15
10124 Torino
harmattan.italia@gmail.com

L'Harmattan Hongrie
Kossuth l. u. 14-16.
1053 Budapest
harmattan@harmattan.hu

L'Harmattan Sénégal
10 VDN en face Mermoz
BP 45034 Dakar-Fann
senharmattan@gmail.com

L'Harmattan Cameroun
TSINGA/FECAFOOT
BP 11486 Yaoundé
inkoukam@gmail.com

L'Harmattan Burkina Faso
Achille Somé – tengnule@hotmail.fr

L'Harmattan Guinée
Almamya, rue KA 028 OKB Agency
BP 3470 Conakry
harmattanguinee@yahoo.fr

L'Harmattan RDC
185, avenue Nyangwe
Commune de Lingwala – Kinshasa
matangilamusadila@yahoo.fr

L'Harmattan Congo
219, avenue Nelson Mandela
BP 2874 Brazzaville
harmattan.congo@yahoo.fr

L'Harmattan Mali
ACI 2000 - Immeuble Mgr Jean Marie Cisse
Bureau 10
BP 145 Bamako-Mali
mali@harmattan.fr

L'Harmattan Togo
Djidjole – Lomé
Maison Amela
face EPP BATOME
ddamela@aol.com

L'Harmattan Côte d'Ivoire
Résidence Karl – Cité des Arts
Abidjan-Cocody
03 BP 1588 Abidjan
espace_harmattan.ci@hotmail.fr

Nos librairies en France

Librairie internationale
16, rue des Écoles
75005 Paris
librairie.internationale@harmattan.fr
01 40 46 79 11
www.librairieharmattan.com

Librairie des savoirs
21, rue des Écoles
75005 Paris
librairie.sh@harmattan.fr
01 46 34 13 71
www.librairieharmattansh.com

Librairie Le Lucernaire
53, rue Notre-Dame-des-Champs
75006 Paris
librairie@lucernaire.fr
01 42 22 67 13

www.ingramcontent.com/pod-product-compliance
Lightning Source LLC
LaVergne TN
LVHW021221061026
849535LV00008B/2853